창세기의 섬김이 익다

김한호 지음

추천사

● 　식탁에서의 섬김과 봉사의 좁은 영역을 넘어 공동체와 지역사회를 포함하는 디아코니아를 생각하며 출판된 이 묵상집은 디아코니아 학자로서 묵상에서 실천과 삶의 적용을 이룰 수 있는 책이란 점에서 높이 평가하고 싶습니다. 특히 책의 내용이 전문가의 시선으로 실제 사회 복지 그리고 약자들 이야기를 창세기부터 시작하여 성서 전체를 다루고자 시리즈로 출판한다는 면에 매우 고무적인 접근이 아닌가 생각이 듭니다.

— 호서대학교 황병준 교수, 한국실천신학회 편집위원장

● 　코로나 팬데믹을 지나면서 한국교회는 위기에 직면하였고 지금도 회복을 위해 끊임없이 노력하고 있습니다. 교회의 회복을 위해 소금과 빛이 되어 위기에 처한 세상과 사회적 약자들을 찾아 섬기는 사역에 최선을 다해야 합니다. 그동안 디아코니아 목회사역을 통해 교회와 지역사회에 접목해온 전문 목회자로서 직접 우리 사회의 사회적 약자를 이야기하면서 성서적 대안을 찾고자 한 이 책은 성경묵상을

넘어 한국 사회의 대안이 되는 교과서와 같은 책이라고 느껴집니다.

– 한소망교회 류영모 위임목사, 증경총회장

● 디아코니아가 뭐지? 하는 배경 속에 살아가는 우리에게 디아코니아가 무엇인지 확실히 손에 잡히도록 성경의 이야기를 우리 시대의 언어로 잘 녹여낸 김한호 박사의 명저!
학폭 당한 요셉, 이주여성 다말, 경주 최부잣집 이야기 등 성경의 이야기를 현대사회 이야기로 엮어냄과 동시에 디아코니아의 관점에서 풀어내어 디아코니아의 섬김으로 세상을 아름답게 물들게 하고 싶은 모든 사람에게 추천하고 싶은 책이다.

– 루터대학교 김동진 교수

● 이 책은 신약에서 등장하는 단어인 "디아코니아"가 신약의 전유물이 아니며 창세로부터 면면히 흐르는 하나님의 뜻임을 보여준다. 디아코니아는 단순한 섬김과 구제 이

상이다. 저자는 에덴동산에 담긴 인간을 향한 배려, 돕는 배필에 담긴 부부관계, 그리고 지구온난화에 이르기까지 디아코니아는 그리스도인들이 일상에서 마주하는 삶의 전 영역을 포괄하는 하나님의 뜻임을 선명하게 보여준다. 하나님의 뜻대로 살기 원하는 모든 그리스도인에게 일독을 권한다.

- 개신대학원대학교 실천신학 구병옥 교수, 한국실천신학회회장

● 이 책은 진솔하고 치열하게 살아온 저자의 삶과 활동을 기록한 서사와 우리들에게 맞닥뜨렸던 도전과 배움, 상처와 갈등, 성취와 기쁨을 기록했다. 다양한 장르를 통해 신앙인들의 사례와 함께 인간의 능력 확장과 존엄성에 대한 대응 방안에 대해 독자들이 이해하기 쉽게 집필하였다. 특히 교회와 복지, 노동, 환경 등 어렵고 힘든 문제를 다루며 세상을 바꿔가는 희망의 메시지다. 이 책을 통해 독자들에게 감동과 기쁨이 넘치게 하시고 은혜와 평강이 충만하시길 기도한다.

- 한국장로신문 유호귀 사장

목차

1. 창조에 나타난 디아코니아   12
2. 모성애적인 디아코니아   16
3. 에덴동산의 디아코니아   20
4. 돕는 베필로서의 디아코티아   24
5. 가인과 아벨을 통한 디아코니아   28
6. 노아의 디아코니아   32
7. 재창조의 디아코니아   36
8. 무지개에 나타난 디아코니아   40
9. 셈과 야벳의 디아코니아   44
10. 하란을 떠나는 디아코니아   48
11. 아브람과 롯의 디아코니아   52
12. 할례의 디아코니아   56
13. 마므레의 디아코니아   60
14. 롯의 디아코니아   64
15. 모리아산의 디아코니아   68

창세기의 섬김이 익다

16. 번제물 이삭의 디아코니아	72
17. 막벨라굴의 디아코니아	76
18. 리브가의 디아코니아	80
19. 이삭의 우물에 나타난 디아코니아	84
20. 의복을 통한 디아코니아	88
21. 학폭 속에서 디아코니아	92
22. 이주여성 다말의 디아코니아	96
23. 요셉의 상처를 위한 디아코니아	100
24. 요셉의 성실에 담긴 디아코니아	104
25. 홍익인간과 디아코니아	108
26. 경주 최부잣집과 요셉의 디아코니아	112
27. 요셉이 보인 구황 제도의 디아코니아	116
28. 무연고사를 위한 디아코니아	120
29. 위로의 디아코니아	124
30. 달랏을 변화시킨 한 사람의 디아코니아	128

인사말

　제가 살고 있는 춘천은 감나무 보기가 쉽지 않습니다. 모처럼 감나무에 감이 달려 있는 것을 보면 반갑기도 하고 신기하기도 합니다.

　감나무는 심은 뒤 약 8년간 준비의 시간을 갖습니다. 접목할 경우 종에 따라 4년~6년이 걸리기도 합니다. 제대로 된 열매가 익을 때 까지는 연평균 기온이 11~15℃, 열매가 성숙하는 9~10월의 평균기온이 21~23℃가 되는 곳이 가장 좋은 환경입니다. 적절한 환경에서 감나무 열매가 익어가듯 인생도 마찬가지입니다.

　누구는 나이 먹어감에 노인으로, 누구는 나이 먹어감에 어르신으로 변해간다고 하였습니다. 노인은 머리만 커가고 욕심만 늘어가지만, 어르신은 마음이 커가고 사랑과 배려심 그리고 삶의 지혜가 늘어난다고 하였습니다. 우리는 나이가 들어 늙어가는 것이 아니라 익어가는 삶을 살아야 할 것입니다. 무르 익어가는 매일의 시간 속에 베풀 수 있는 삶, 마음을 나누는 삶, 섬기는 실천하는 삶을 살기 위해 우리 마음의 빗장을 늘 열어두어야 합니다.

이 일을 위하여 필자는 수년 전부터 '디아코니아'란 제목의 글을 매주 장로신문사에 기고하였습니다. 창세기부터 시작하여 우리 시대의 사회적 약자들을 어떻게 섬기고 함께 살아가야 하는지를 소개하고 있습니다.

분명한 것은 섬김은 예수님의 정신이고 하나님 나라의 삶입니다. 우리의 인생이 멋지게 익어가는 삶은 예수님의 정신으로 섬김을 실천하는 것이라 필자는 믿고 있습니다. 바라기는 기독교 사회복지 기관에서 사역하시는 분들이나 목회자, 평신도에 이르기까지 이 책을 통하여 디아코니아의 섬김을 깊이 묵상하고 삶에 적용하여 보기를 권해드립니다. 묵상과 적용, 실천을 통하여 들녘의 벼 이삭처럼, 빨갛게 익어가는 열매들처럼 우리 인생 여정도 예쁘게 익어가리라 기대합니다.

소망하기는 디아코니아 말씀 묵상을 통하여 주님께 아낌없이 드려지는 익은 열매가 되시기를 바랍니다.

김한호 목사

창세기의 섬김이 익다

1 | 창조에 나타난 디아코니아 (창세기 1:1-5)

¹ 태초에 하나님이 천지를 창조하시니라
² 땅이 혼돈하고 공허하며 흑암이 깊음 위에 있고 하나님의 영은 수면 위에 운행하시니라
³ 하나님이 이르시되 빛이 있으라 하시니 빛이 있었고
⁴ 빛이 하나님이 보시기에 좋았더라 하나님이 빛과 어둠을 나누사
⁵ 하나님이 빛을 낮이라 부르시고 어둠을 밤이라 부르시니라 저녁이 되고 아침이 되니 이는 첫째 날이니라

"땅이 혼돈하고"(창1:2)라는 표현은 창조 이전을 뜻하기도 하지만, 동시에 이스라엘 백성들이 바벨론 포로로 끌려간 비극적인 시대의 상황을 말하기도 합니다. 여기서 혼돈은 모든 것이 뒤 엉클어진 상태입니다. 하나님은 무질서와 공허 가운데 모든 것을 창조하시고 끝으로 인간을 만드십니다. 마치 여인이 아이를 낳기 전에 모든 것을 준비하듯 먹거리, 주거, 옷, 환경 모든 것을 가장 좋게 만들어주셨습니다. 하나님이 사람에게 명령한 것이 두 가지인데 '경작하다', '지키다'입니다. (창2:15) '경작하다'(아바드)는 '섬기다'이고 '지키다'(샤마르)는 제사장이 제사를 준비하는 일, 즉 예배하는 일을 뜻합니다. 하나님께서는 성전에서 예배하는 마음으로 자연을 섬기고, 예배를 준비하는 마음으로 자연을 지키라고 하셨습니다. 이것이 디아코니아입니다.

그러나 인간은 욕심으로 땅을 정복하였고 땅은 가시덤불과 엉겅퀴를 냈습니다. 인간의 죄악 때문입니다. 선진국의 환경 파괴로 그 피해는 온실가스 배출이 작은 후진국에서 입고 있습니다. 선진국이 초래한 기후 변화로 매년 수십만 명이 사망하거나 질병에 걸리는데 대부분이 미개발국 사람들입니다. 이뿐 아니라 얼마 전 뉴스를 보니 인도가 한낮 기온이 50도에 가까웠습니다. 120년 만에 최고의 더위였습니다. 하늘을 나는 새들이 심각한 탈수에 추락해 날개가 부러질 정도입니다. 지구가 점점 뜨거워져 대형 산불과 폭우로 이어졌습니다. 여기에 극지방의 얼음은 점점 빠르게 녹고 있습니다. 불과 10년 전까지만 해도 '지구온난화'라는 단어를 사용하였지만, 최근에는 그 상황이 심각해져 '기후재앙'이란 단어가 자주 등장하고 있습니다. 문제는 2100년 안에 지구 온도 5도가 오른다고 합니다. 그렇다면 히말라야 빙하가 사라지고 해수면이 올라가면서 뉴욕, 도쿄 등 작은 섬들이 사라집니다. 결국 지구는 종말이 됩니다. 지구 온도를 낮출 수는 없지만 오르는 것을 최대한 감소하고 억제하는 것이 중요합니다.

하나님은 노아를 통하여 방주를 만들고 식물, 동물을 종류별로 구분하여 후손을 살리고자 일하셨습니다. 이는 인간을 향한 하나님의 사랑입니다. 노아는 하나님과 동행하는 사람이었다고 합니다. 로마서 8장 19절에서는 피조물들이 하나님의 아들들이 나타나는 것을 고대하고 있다고 합니다. 하나님의 아들들은 섬김과 예배를 통하여 이 자연을 경작하고 지키는 자입니다. 창조 사역은 하나님의 복지입니다. 인간이 살 수 있는 공간을 마련하고 자연이 살 수 있는 공간을 마련하였습니다. 하나님의 디아코니아를 실천하는 것은 기독교인들이 먼저 탐심과 소비를 줄이고 파괴가 진행된 지구라도 하나님의 창조 원리대로 점차 회복하도록 도와야 합니다.

♠ 관찰

'경작하다'의 의미 두 가지를 설명해 보세요.

♠ 적용과 질문

하나님께서는 예배하는 마음으로 이웃을 섬기기 위해 어떻게 살기를 원하십니까?

♠ 실천

오늘 내가 실천할 수 있는 디아코니아 활동은 무엇입니까?

2 | 모성애적인 디아코니아 (창세기 1:24-31)

[24] 하나님이 이르시되 땅은 생물을 그 종류대로 내되 가축과 기는 것과 땅의 짐승을 종류대로 내라 하시니 그대로 되니라 [25] 하나님이 땅의 짐승을 그 종류대로, 가축을 그 종류대로, 땅에 기는 모든 것을 그 종류대로 만드시니 하나님이 보시기에 좋았더라 [26] 하나님이 이르시되 우리의 형상을 따라 우리의 모양대로 우리가 사람을 만들고 그들로 바다의 물고기와 하늘의 새와 가축과 온 땅과 땅에 기는 모든 것을 다스리게 하자 하시고 [27] 하나님이 자기 형상 곧 하나님의 형상대로 사람을 창조하시되 남자와 여자를 창조하시고 [28] 하나님이 그들에게 복을 주시며 하나님이 그들에게 이르시되 생육하고 번성하여 땅에 충만하라, 땅을 정복하라, 바다의 물고기와 하늘의 새와 땅에 움직이는 모든 생물을 다스리라 하시니라 [29] 하나님이 이르시되 내가 온 지면의 씨 맺는 모든 채소와 씨 가진 열매 맺는 모든 나무를 너희에게 주노니 너희의 먹을 거리가 되리라 [30] 또 땅의 모든 짐승과 하늘의 모든 새와 생명이 있어 땅에 기는 모든 것에게는 내가 모든 푸른 풀을 먹을 거리로 주노라 하시니 그대로 되니라 [31] 하나님이 지으신 그 모든 것을 보시니 보시기에 심히 좋았더라 저녁이 되고 아침이 되니 이는 여섯째 날이니라

한 엄마가 출산했는데 아기의 체중이 1kg도 되지 않았습니다. 아기가 너무 작아 집으로 데리고 올 수가 없었고 인큐베이터 신세를 지게 되었습니다. 산모는 아이를 품에 안고 젖을 먹이고 싶었지만, 치료를 받아야 했기 때문에 젖을 먹일 수 없었습니다. 엄마의 젖은 자꾸만 말라갔습니다. 젖이 마르지 않게 하려고 한 가지 방법을 생각해 내었습니다. 엄마는 인큐베이터에 있는 아기의 사진을 찍어 와서 머리맡에 붙여놓고 바라보면서 아기에게 젖을 먹이는 꿈을 꾸며 늘 기도했습니다. 그런데 놀랍게도 그때부터 젖이 말라붙지 않더랍니다. 이것이 모성애입니다.

창세기에 보면 모성애가 그대로 나옵니다. 어머니가 아이 낳기 전에 준비하는 일과 너무 비슷합니다. 인간이 불편함 없이 지내기 위한 공간을 만드십니다. 인간에게 씨 맺는 채소와 열매 그리고 짐승과 새. 옷도 만들어 줍니다. 하나님은 인간을 창조하시고 "심히 좋았더라"라고 하셨습니다. 이는 하나님이 인간을 너무나도 사랑하는 모습을 보여주고 있는 것입니다. 이것이 하나님이 인간을 사랑하시는 모성애적인 디아코니아입니다.

이스라엘 백성들은 바벨론 포로기의 삶에서 자신들은 고아라고 생각합니다. 이들은 자신들이 잘못해서 포로 생활을 하게 되었다고 생각하기보다 자기들의 신은 약하고, 자기들을 버렸다고 생각했습니다. 그들의 눈에는 오히려 가나안의 신이 더 강해 보입니다. 이런 그들에게 "무슨 소리야 내가 널 어떻게 낳았는데, 네가 가지고 놀던 물건들, 너의 방과 옷, 네가 즐겨 먹던 것 다 내가 만들어 준 것이다. 내가 널 낳고 얼마나 좋아했는데"라고 말씀하셨습니다. 그래서 바벨론 포로시기에 방황하는 이들을 위해 창세기를 기록한 것입니다.

이렇게 보니 하나님은 어머니적인 요소가 많습니다. "너희는 너희를 낳은 바위를 버리고, 너희를 낳은 하나님을 잊었다"(신32:18) 여기에서 바위를 대문자로 쓴 것으로 볼 때 '하나님'을 가리키는 말입니다. 너희를 낳은 반석이신 하나님을 잊었다는 것입니다. 하나님은 자기의 형상대로 우리를 창조하셨습니다. 옛날, 왕이 모든 마을을 다스릴 수 없어 마을마다 동상을 세워 그 동상을 보면서 왕을 기억하게 했습니다. 독일 신학자 폰라드의 해석처럼 하나님은 곳곳마다 하나님의 형상을 닮은 우리들을 세우시고, 우리들을 볼 때마다 주님이 기억나게 하셨습니다. 우리의 모습에서 하나님의 이런 모성애적인 섬김의 모습, 디아코니아의 모습이 나와야 합니다.

♠ 관찰

하나님의 모성애적 모습을 발견하게 된다면 어떤 것이 있을까요?

♠ 적용과 질문

하나님이 주신 사랑처럼 내가 부모님과 같은 모습으로 살기 위해선 어떻게 해야 할까요?

♠ 실천

오늘 내가 실천할 수 있는 디아코니아 활동은 무엇입니까?

3 | 에덴동산의 디아코니아 (창세기 2:4-17)

⁴ 이것이 천지가 창조될 때에 하늘과 땅의 내력이니 여호와 하나님이 땅과 하늘을 만드시던 날에 ⁵ 여호와 하나님이 땅에 비를 내리지 아니하셨고 땅을 갈 사람도 없었으므로 들에는 초목이 아직 없었고 밭에는 채소가 나지 아니하였으며 ⁶ 안개만 땅에서 올라와 온 지면을 적셨더라 ⁷ 여호와 하나님이 땅의 흙으로 사람을 지으시고 생기를 그 코에 불어넣으시니 사람이 생령이 되니라 ⁸ 여호와 하나님이 동방의 에덴에 동산을 창설하시고 그 지으신 사람을 거기 두시니라 ⁹ 여호와 하나님이 그 땅에서 보기에 아름답고 먹기에 좋은 나무가 나게 하시니 동산 가운데에는 생명 나무와 선악을 알게 하는 나무도 있더라 ¹⁰ 강이 에덴에서 흘러 나와 동산을 적시고 거기서부터 갈라져 네 근원이 되었으니 ¹¹ 첫째의 이름은 비손이라 금이 있는 하윌라 온 땅을 둘렀으며 ¹² 그 땅의 금은 순금이요 그 곳에는 베델리엄과 호마노도 있으며 ¹³ 둘째 강의 이름은 기혼이라 구스 온 땅을 둘렀고 ¹⁴ 셋째 강의 이름은 힛데겔이라 앗수르 동쪽으로 흘렀으며 넷째 강은 유브라데더라 ¹⁵ 여호와 하나님이 그 사람을 이끌어 에덴 동산에 두어 그것을 경작하며 지키게 하시고 ¹⁶ 여호와 하나님이 그 사람에게 명하여 이르시되 동산 각종 나무의 열매는 네가 임의로 먹되 ¹⁷ 선악을 알게 하는 나무의 열매는 먹지 말라 네가 먹는 날에는 반드시 죽으리라 하시니라

1961년 8월 동독에 의해 세워진 베를린 장벽은 냉전과 분단을 상징하는 대표적인 구조물입니다. 1989년 붕괴하기까지 5,000여 명의 동독 사람들이 탈출하였습니다. 베를린 장벽은 동독 사람들에게는 자유를 박탈하는 '속박의 울타리'였으나 서독 사람들의 입장에서 보면 자유를 지켜주는 '보호의 울타리'였습니다. 마치 이런 겁니다. 물고기가 누리는 자유는 '물속에서의 자유'입니다. 물고기가 물 밖으로 나가면 자유라고 말할지 모르지만, 그 결과는 죽음입니다. 울타리는 하나님께서 살 수 있도록 주신 자유입니다.

 본문은 하나님께서 천지를 창조하시고 마지막 날 인간을 창조하신 직후의 이야기입니다. 하나님은 인간을 하나님의 형상대로 가장 존귀하고 아름답게 창조하셨습니다. 그리고 에덴동산에 살게 하셨습니다. '동산'이라고 하면 작은 언덕이 떠오릅니다. 그러나 히브리어로 '간'이라 표기된 이 단어의 뜻은 "뜰", "정원"이란 의미입니다. 그런데 이 '간'은 보통 정원이 아닙니다. 울타리입니다.

 에덴이라는 울타리 안에는 무엇이 있습니까? 인간이 살아가며 필요한 것들이 준비돼 있습니다. 하나님이 인간을 위해 계획하여 만드신 동산 중앙에는 생명나무와 선악을 알게 하는 나무가 있었고 동산을 적시는 강의 발원지를 두고 모든 것이 풍족하게 하셨습니다. 탐스럽고 먹기 좋은 열매가 열리는 나무들이 울창하게 자라나고 들에는 짐승이 뛰어놀며 새들은 자유롭게 하늘을 날았습니다. 선지자들은 에덴을 살기 좋은 땅이요 인간의 복된 처소라고 하였습니다. 이 모든 것이 인간을 위해 하나님께서 창조하신 것들이고 세워 주신 울타리입니다. 바로 하나님의 마음이며 디아코니아입니다. 누군가의 울타리가 되어 준다는 것입니다.

울타리 안에서 하나님의 뜻에 순종하여 사는 삶이 '에덴'입니다. 에덴은 기쁨입니다. 하나님의 보호 안에 있으면 기쁨이 됩니다. 이 기쁨은 하나님의 말씀대로 살아갈 때, 그 약속을 지킬 때 얻는 기쁨입니다. 그러나 이 에덴이란 말이 자기만을 위한 삶을 살고자 자기중심으로 해석하면, '타락'이란 말로 변합니다. 하나님은 에덴 안에 있는 인간에게 한 가지를 명령하셨습니다. 그것은 그 땅을 경작하며 지키라는 것입니다. 경작한다는 말은 히브리말로 '아바드'인데 이는 '예배하다, 섬기다'라는 뜻입니다. 이 말이 신약에서는 '디아코니아'입니다. 에덴 안에서 하나님을 예배하고 섬기며 디아코니아를 이루라 하셨습니다. 그러나 인간은 자기들이 원하는 것을 선택하며 살아갑니다. 이것이 죄입니다. 주님 안에 사는 것이 울타리가 됩니다. 울타리 안에서 기쁨을 누리며 살아가시길 바랍니다.

♠ 관찰

하나님께서 에덴동산을 만들어 주신 이유는 무엇입니까?

♠ 적용과 질문

내가 울타리 안에 산다는 것은 어떤 의미가 있습니까?

♠ 실천

오늘 내가 실천할 수 있는 디아코니아 활동은 무엇입니까?

4 | 돕는 배필로서의 디아코니아 (창세기 2:18-25)

¹⁸ 여호와 하나님이 이르시되 사람이 혼자 사는 것이 좋지 아니하니 내가 그를 위하여 돕는 배필을 지으리라 하시니라

¹⁹ 여호와 하나님이 흙으로 각종 들짐승과 공중의 각종 새를 지으시고 아담이 무엇이라고 부르나 보시려고 그것들을 그에게로 이끌어 가시니 아담이 각 생물을 부르는 것이 곧 그 이름이 되었더라

²⁰ 아담이 모든 가축과 공중의 새와 들의 모든 짐승에게 이름을 주니라 아담이 돕는 배필이 없으므로

²¹ 여호와 하나님이 아담을 깊이 잠들게 하시니 잠들매 그가 그 갈빗대 하나를 취하고 살로 대신 채우시고

²² 여호와 하나님이 아담에게서 취하신 그 갈빗대로 여자를 만드시고 그를 아담에게로 이끌어 오시니

²³ 아담이 이르되 이는 내 뼈 중의 뼈요 살 중의 살이라 이것을 남자에게서 취하였은즉 여자라 부르리라 하니라

²⁴ 이러므로 남자가 부모를 떠나 그의 아내와 합하여 둘이 한 몸을 이룰지로다

²⁵ 아담과 그의 아내 두 사람이 벌거벗었으나 부끄러워하지 아니하니라

독일 유학 생활 중 이민 목회를 하게 되었는데 30대의 나이에 첫 주례를 맡게 되었습니다. 더군다나 신랑과 신부는 여러 가지 이유로 결혼을 늦게 하여, 주례자보다도 나이가 훨씬 많았습니다. 지금도 잊을 수 없는 것은 "신랑 OOO군, 신부 OOO양"이라고 예식서에 적혀있는 대로 호칭을 해야 할지 아니면 '형제님' 해야 할지 정말 난감하였습니다. 그뿐만 아니라 결혼 서약을 마치고 성혼 선포를 하는데 "하나님이 짝지어 주신 것을 사람이 결코 나누지 못할지니라." 해야 하는데 "사람이 짝지어 주신 것을 하나님이 결코 나누지 못할지니라."고 선포를 하였습니다. 이런 큰 실수를 한 일이 엊그제 같습니다. 첫 주례라 무슨 말씀을 전해야 할지 고민하다가 인류 최초의 결혼식에서 첫 주례자이신 하나님이 하신 말씀을 나누게 되었습니다.

보통 목회자가 주례를 할 때 가장 많이 이야기하는 내용이 '돕는 배필'이란 말입니다. '돕는 배필'은 히브리어로 '에제르 커네게드'(Corresponding Helper)입니다. "여호와 하나님이 이르시되 사람이 혼자 사는 것이 좋지 아니하니 내가 그를 위하여 돕는 배필을 지으리라 하시니라"(창세기 2:18) 여자는 남자의 돕는 배필로 창조되었다는 말씀입니다. 돕는 배필이 영어 성경에는 '헬퍼(helper)'로 번역되었습니다. 하지만 흔히 생각하듯 보조나 도우미의 의미가 아닙니다. 구약성경에는 하나님을 때때로 '에제르'(돕는 이, 헬퍼)라 불렀습니다. (시편 54:4, 118:7) 신약성경에서는 성령님이 보혜사로 묘사되는데 구약의 '에제르'에 해당하는 말입니다. 보혜사 성령님이 성도의 도우미가 아니듯, 에제르인 여성은 남성의 도우미가 아닙니다.

성경에서 말하는 돕는 배필은 열등한 조력자를 의미하지 않습니다. 동등한 관계로 서로 마주 보는 것처럼 돕는 자를 말하는 것입니다. 모세의 아내 십보라가 그 의미를 잘 보여주었습니다. 그녀는 결코 모세보다 열등하지 않았습니다. 오히려 위기의 순간에 지혜를 발휘하여 남편을 돕고 살려냈습니다. 마치 성령께서 보이지 않는 곳에서 성도를 위해 역사하시듯, 그녀도 비밀스럽지만 가장 적합하게 남편을 도와 사역했습니다. 이 도움은 수동적이지 않으며 구체적이고 적극적으로 도와주는 것입니다. 그리고 상대방이 잘못된 길로 갈 때 안 된다고 분명히 알려주는 것, 이것이 돕는 배필입니다. 이렇게 서로 동등하게 존중하며 서로를 돕는 이 자세가 디아코니아 정신입니다. 첫 주례자이신 하나님은 이런 의미로 결혼하는 가정에 돕는 배필이 되라고 말씀 하신 것입니다.

♠ 관찰

돕는 베필이 되라는 것은 어떤 뜻입니까?

♠ 적용과 질문

내가 돕는 베필이 되기 위해서 무엇을 해야 합니까?

♠ 실천

오늘 내가 실천할 수 있는 디아코니아 활동은 무엇입니까?

5 | 가인과 아벨을 통한 디아코니아 (창세기 4:1-15)

¹ 아담이 그의 아내 하와와 동침하매 하와가 임신하여 가인을 낳고 이르되 내가 여호와로 말미암아 득남하였다 하니라 ² 그가 또 가인의 아우 아벨을 낳았는데 아벨은 양 치는 자였고 가인은 농사하는 자였더라 ³ 세월이 지난 후에 가인은 땅의 소산으로 제물을 삼아 여호와께 드렸고 ⁴ 아벨은 자기도 양의 첫 새끼와 그 기름으로 드렸더니 여호와께서 아벨 ⁵ 가인과 그의 제물은 받지 아니하신지라 가인이 몹시 분하여 안색이 변하니 ⁶ 여호와께서 가인에게 이르시되 네가 분하여 함은 어찌 됨이며 안색이 변함은 어찌 됨이냐 ⁷ 네가 선을 행하면 어찌 낯을 들지 못하겠느냐 선을 행하지 아니하면 죄가 문에 엎드려 있느니라 죄가 너를 원하나 너는 죄를 다스릴지니라 ⁸ 가인이 그의 아우 아벨에게 말하고 그들이 들에 있을 때에 가인이 그의 아우 아벨을 쳐죽이니라 ⁹ 여호와께서 가인에게 이르시되 네 아우 아벨이 어디 있느냐 그가 이르되 내가 알지 못하나이다 내가 내 아우를 지키는 자니이까 ¹⁰ 이르시되 네가 무엇을 하였느냐 네 아우의 핏소리가 땅에서부터 내게 호소하느니라 ¹¹ 땅이 그 입을 벌려 네 손에서부터 네 아우의 피를 받았은즉 네가 땅에서 저주를 받으리니 ¹² 네가 밭을 갈아도 땅이 다시는 그 효력을 네게 주지 아니할 것이요 너는 땅에서 피하며 유리하는 자가 되리라 ¹³ 가인이 여호와께 아뢰되 내 죄벌이 지기가 너무 무거우니이다 ¹⁴ 주께서 오늘 이 지면에서 나를 쫓아내시온즉 내가 주의 낯을 뵈옵지 못하리니 내가 땅에서 피하며 유리하는 자가 될지라 무릇 나를 만나는 자마다 나를 죽이겠나이다 ¹⁵ 여호와께서 그에게 이르시되 그렇지 아니하다 가인을 죽이는 자는 벌을 칠 배나 받으리라 하시고 가인에게 표를 주사 그를 만나는 모든 사람에게서 죽임을 면하게 하시니라

한적하고 평화로운 시장 거리에서 형제간의 살인 사건이 벌어졌습니다. 형에 의해 동생은 9곳에 치명적인 상처를 입은 후 쓰러졌고 출동한 소방관이 응급처치하였으나 숨을 거두고 말았습니다. 우애가 좋았던 형제는 로또에 당첨된 후 생겨난 갈등으로 인해 동생을 살해하는 돌이킬 수 없는 범행을 저지르고 말았습니다. 그런데 형은 현장을 떠나지 않고 주변 사람들에게 범행을 위해 이곳까지 왔다는 말까지 하는 잔인함을 보였습니다.

성경에도 이처럼 형제 살인이 벌어진 사건이 있습니다. 형 가인은 농사하는 사람이 되었고, 동생 아벨은 양 치는 목자가 되었습니다. 세월이 지나 형제는 각각 하나님 앞에 제물을 바쳤습니다. 농사를 짓는 가인은 당연히 땅에서 얻은 첫 소산물을 제물로 드렸고, 아벨은 들에서 친 양의 첫 새끼와 그 기름으로 하나님께 드렸습니다. 하나님은 아벨의 제물은 받으셨으나, 가인의 제물은 받기를 거부하셨습니다. 가인은 자기 제물을 받지 않은 것에 대한 불만으로 동생을 질투하여 들에서 죽이고 말았습니다. 그때 하나님은 가인에게 "네 아우 아벨이 어디 있느냐?"(창 4:9) 물으셨습니다. 가인은 "내가 알지 못하나이다. 내가 내 아우를 지키는 자니이까"라고 뻔뻔스럽게 대답하였습니다. 가인의 말 속에 '지키다'는 히브리어로 '샤마르'인데 '보호하다', '섬기다'는 뜻이 있습니다. 형제는 깊은 관심을 가지고 서로 섬기며 돌봐야 합니다. 즉 디아코니아입니다. 이미 하나님이 남자와 여자를 창조하시고 돕는 배필이 되라고 하신 것처럼 형제는 서로 도와주고 섬겨야 할 의무가 있습니다. 가인은 돌아보고 사랑해야 할 형제를 비교 대상으로 삼고 질투하여 살해하였습니다. 형제사랑은 하나님의 명령입니다. 사도 요한은 "누구든지 하나님을 사랑하노라 하고 그 형제를 미워하면 이는 거짓말하는 자니 보는 바 그 형제를 사랑하지 아니하는 자는 보지 못하는 바 하나님을 사랑할 수 없느니라"(요일4:20)고 말하며 형제 사랑이 하나님 사랑임을 말씀하고 있습니다.

옛날 소련의 성도들은 한 성도가 복음을 전하다가 잡혀가면, 남은 성도들이 그 가족을 다 책임졌다고 합니다. 그 가정의 모든 생계를 돌아보았던 것입니다. 그럴 때 사람들이 그리스도인들은 정말 다르다는 것을 느끼게 됩니다. 그리스도인들의 특징은 형제를 사랑하는 것입니다. 자녀들이 매일 싸운다면 부모의 마음은 어떠하겠습니까? 마음이 매우 아플 것입니다. 하나님의 마음도 마찬가지입니다. 우리가 형제를 사랑할 때, 도우며 섬길 때 하나님께서 기뻐하십니다. 그래서 히브리서 기자는 "형제 사랑하기를 계속하라"(히13:1)고 말하는 것입니다.

♠ 관찰

가인과 아벨에서 본 섬김의 모습은 무엇입니까?

♠ 적용과 질문

내가 도와주고 섬겨야 할 사람은 누가 있습니까?

♠ 실천

오늘 내가 실천할 수 있는 디아코니아 활동은 무엇입니까?

6 | 노아의 디아코니아 (창세기 6:13-22)

¹³ 하나님이 노아에게 이르시되 모든 혈육 있는 자의 포악함이 땅에 가득하므로 그 끝 날이 내 앞에 이르렀으니 내가 그들을 땅과 함께 멸하리라 ¹⁴ 너는 고페르 나무로 너를 위하여 방주를 만들되 그 안에 칸들을 막고 역청을 그 안팎에 칠하라 ¹⁵ 네가 만들 방주는 이러하니 그 길이는 삼백 규빗, 너비는 오십 규빗, 높이는 삼십 규빗이라 ¹⁶ 거기에 창을 내되 위에서부터 한 규빗에 내고 그 문은 옆으로 내고 상 중 하 삼층으로 할지니라 ¹⁷ 내가 홍수를 땅에 일으켜 무릇 생명의 기운이 있는 모든 육체를 천하에서 멸절하리니 땅에 있는 것들이 다 죽으리라 ¹⁸ 그러나 너와는 내가 내 언약을 세우리니 너는 네 아들들과 네 아내와 네 며느리들과 함께 그 방주로 들어가고 ¹⁹ 혈육 있는 모든 생물을 너는 각기 암수 한 쌍씩 방주로 이끌어들여 너와 함께 생명을 보존하게 하되 ²⁰ 새가 그 종류대로, 가축이 그 종류대로, 땅에 기는 모든 것이 그 종류대로 각기 둘씩 네게로 나아오리니 그 생명을 보존하게 하라 ²¹ 너는 먹을 모든 양식을 네게로 가져다가 저축하라 이것이 너와 그들의 먹을 것이 되리라 ²² 노아가 그와 같이 하여 하나님이 자기에게 명하신 대로 다 준행하였더라

하나님이 주신 풍요를 누리며 살아가던 인류가 하나님의 뜻을 멀리하고 죄악으로 가득한 세상을 만들었습니다. 하나님은 홍수를 통한 심판을 계획하시고 노아에게 방주를 건조하도록 하셨습니다. 방주의 규모는 요즘 단위로 환산하면 길이는 136.8미터 넓이는 22.8미터 높이는 13.7미터입니다. 오늘날 축구장 크기의 1.5배 정도의 크기입니다.

이러한 방주를 짓는 것은 결코 쉬운 일이 아닙니다. 크기도 엄청나지만, 지금처럼 현대적인 기술이 있는 것도 아니고 하나하나 손으로 해야 하는 일이었습니다. 방주를 만들던 장소 또한 바다 인근이 아니었습니다. 산 위에서 배를 제작했습니다. 그런데 그날이 하루 이틀이 아니고 120년이나 걸렸습니다. 노아는 온 동네 웃음거리가 될 수밖에 없는 상황이었지만 120년을 하루 같이 순종하여 방주를 만들었습니다.

배를 만드는 것 이상으로 힘든 일이 생물들을 찾으러 다니는 것입니다. 집에서 키우던 개가 풀어져 뛰어나가면 온 식구가 동원되어도 잡는 것이 쉽지 않습니다. 그런데 성경은 "너에게로 나아오리니"(창6:20)라고 말합니다. 하나님께서 구별하여 준비시키신 생물들이 노아를 찾아올 터이니 기다려야 한다는 것입니다. 노아의 기다림은 자녀에게도 나타납니다. 노아는 500세가 될 때까지 자식이 없었습니다. 그럼에도 노아는 하나님의 뜻을 기다립니다. 결국 방주를 준비해야 하는 시기에 자녀들을 주시고 그들과 함께 하나님의 뜻을 이루어 갔습니다.

노아가 방주 속에 머문 기간은 무려 1년 17일이나 됩니다. 이 기간에 방주의 문은 닫혀있었습니다. 매일 온갖 짐승들이 울어대고, 먹을 것을 줘야 하며 배설물이 쏟아져 나오는 광경을 상상해 볼 수 있습니다. 혼란스럽고 힘겨운 시간입니다. 그런데 노아는 그 긴 시간을 묵묵히 인내합니다. 이것이 살리는 길이기 때문에 노아는 참고 기다립니다.

"노아는 하나님과 동행하는 사람이었다."고 성경은 말씀하고 있습니다. 평생 하나님의 뜻을 이루기 위해 참고 인내하며 기다리는 사람이었습니다. 방주를 제작하고 하나님께서 불러주신 생물들을 기다리며 함께 방주에서 보내는 시간까지 모든 삶 속에서 섬김을 실천하는 사람이었습니다. 즉, 디아코니아입니다. 디아코니아를 실천하는 노아를 하나님은 방주에 타게 하셨고 물에 떠오릅니다. 높은 산 위 15규빗에 이르기까지 물이 찹니다. 6.8미터입니다. 이 높이는 생과 사의 차이입니다. 구원과 심판의 차이입니다. 우리가 섬김의 삶을 살아갈 때 그로 말미암아 주변 사람들이 살아나는 은혜가 임합니다.

♠ 관찰

노아의 모습 속에 나타난 섬김의 모습은 무엇입니까?

♠ 적용과 질문

기다림과 인내로 인해 얻게 되는 것은 무엇이 있습니까?

♠ 실천

오늘 내가 실천할 수 있는 디아코니아 활동은 무엇입니까?

7 | 재창조의 디아코니아 (창세기 8:13-19)

¹³ 육백일 년 첫째 달 곧 그 달 초하룻날에 땅 위에서 물이 걷힌지라 노아가 방주 뚜껑을 제치고 본즉 지면에서 물이 걷혔더니
¹⁴ 둘째 달 스무이렛날에 땅이 말랐더라
¹⁵ 노아에게 말씀하여 이르시되
¹⁶ 너는 네 아내와 네 아들들과 네 며느리들과 함께 방주에서 나오고
¹⁷ 너와 함께 한 모든 혈육 있는 생물 곧 새와 가축과 땅에 기는 모든 것을 다 이끌어내라 이것들이 땅에서 생육하고 땅에서 번성하리라 하시매
¹⁸ 노아가 그 아들들과 그의 아내와 그 며느리들과 함께 나왔고
¹⁹ 땅 위의 동물 곧 모든 짐승과 모든 기는 것과 모든 새도 그 종류대로 방주에서 나왔더라

우리나라 해안 쓰레기를 모니터링하였더니 가장 많이 발견된 쓰레기가 담배꽁초였습니다. 다음으로는 각종 비닐봉지 및 포장재 순이었습니다. 지구에서 세 번째로 깊은 해구인 필리핀 해구를 인류가 사상 최초로 탐험했습니다. 수심 1만 500m 바닷속을 탐사한 장면이 뉴스에 나왔는데 그 깊은 바다에서 플라스틱 조각들이 있는 게 화면에 나타났습니다. 바다 생태계의 파괴가 심각해지고 있습니다. 플라스틱이 500년이 지나야 썩는다는 것을 고려할 때 2050년에는 바다에 물고기보다 플라스틱이 더 많아질 수 있을 거라는 예측도 나오고 있습니다.

길바닥에 버려진 담배꽁초가 빗물에 씻겨 하수 시스템을 타고 흘러가면 결국 바다에 도착하게 됩니다. 시간이 지나 조금씩 분해된 후 미세플라스틱이 되어 바다를 오염시키고, 바다 생물들의 생명을 위협합니다. 이것은 바다 생물 생존의 문제가 되고 어패류가 살아갈 환경이 파괴되어 먹이 사슬이 무너집니다. 먹이 사슬이 무너지면 탄소 중립에도 많은 문제가 생깁니다. 고래는 이산화탄소를 흡수하여 죽어서도 자기 몸에 수백 년간을 저장합니다. 고래 배설물이 플랑크톤 성장을 도와주며 플랑크톤은 이산화탄소를 흡수하고 있습니다. 플랑크톤은 바다에서 신선한 공기를 내뿜고 있는데 플랑크톤이 바닷속 이산화탄소를 50퍼센트나 흡수하고 있습니다. 정말 없어서는 안 되는 생물입니다. 아무 생각 없이 버려진 담배꽁초 하나가 불러 올 나비효과는 고래가 사라지는 것으로 끝이 아니라 환경이 파괴되고 생태계가 무너지게 되는 것입니다.

하나님께서 말씀으로 식물과 동물을 종류대로 창조하였습니다. 그리고 사람에게 이것을 다스리라고 말씀하셨습니다. (창 1:26-28) 하나님은 인간에게 땅에 있는 모든 것을 잘 통치하는 권세, 즉 섬기도록 맡겨주신 것입니다. 그런데 인간은 이것을 정복하여 빼앗고 다스리는 개념으로 해석하였습니다. 결국 인간은 죄로 말미암아 홍수 심판을 받습니다. 노아의 홍수 사건을 보면 하나님의 첫 번째 창조 이야기와 동일합니다. 그래서 노아의 이야기를 재창조라고 합니다. 창세기 8장에서 하나님은 노아에게 명령하십니다. 방주에서 나온 동물들, 생물들과 함께 생육하고 땅에서 번성하며 살라는 것입니다. (창 8:17) 이것이 재창조 시 인간에게 주신 하나님의 명령입니다. 생물, 동물들을 잘 관리하고 섬기는 것이 바로 디아코니아입니다. 그런데 인간은 계속해서 자연을 섬기기보다는 정복하고 파괴하는 범죄를 하고 있습니다. 다시금 하나님의 재창조를 생각하며 세상을 아름답게 가꾸고 보존하라는 하나님 말씀에 순종하는 우리가 되기를 소망합니다.

♠ 관찰

인간이 홍수심판을 받게 된 이유는 무엇입니까?

♠ 적용과 질문

하나님께서 창조하신 세상을 아름답게 가꾸고 보존하기 위한 나의 작은 실천이 있다면 무엇이 있을까요?

♠ 실천

오늘 내가 실천할 수 있는 디아코니아 활동은 무엇입니까?

8 | 무지개에 나타난 디아코니아 (창세기 9:8-17)

⁸ 하나님이 노아와 그와 함께 한 아들들에게 말씀하여 이르시되 ⁹ 내가 내 언약을 너희와 너희 후손과 ¹⁰ 함께 한 모든 생물 곧 너희와 함께 한 새와 가축과 땅의 모든 생물에게 세우리니 방주에서 나온 모든 것 곧 땅의 모든 짐승에게니라 ¹¹ 내가 너희와 언약을 세우리니 다시는 모든 생물을 홍수로 멸하지 아니할 것이라 땅을 멸할 홍수가 다시 있지 아니하리라 ¹² 하나님이 이르시되 내가 나와 너희와 및 너희와 함께 하는 모든 생물 사이에 대대로 영원히 세우는 언약의 증거는 이것이니라 ¹³ 내가 내 무지개를 구름 속에 두었나니 이것이 나와 세상 사이의 언약의 증거니라 ¹⁴ 내가 구름으로 땅을 덮을 때에 무지개가 구름 속에 나타나면 ¹⁵ 내가 나와 너희와 및 육체를 가진 모든 생물 사이의 내 언약을 기억하리니 다시는 물이 모든 육체를 멸하는 홍수가 되지 아니할지라 ¹⁶ 무지개가 구름 사이에 있으리니 내가 보고 나 하나님과 모든 육체를 가진 땅의 모든 생물 사이의 영원한 언약을 기억하리라 ¹⁷ 하나님이 노아에게 또 이르시되 내가 나와 땅에 있는 모든 생물 사이에 세운 언약의 증거가 이것이라 하셨더라

아름다운 무지개는 '빨주노초파남보'의 다양한 색채를 품고 있습니다. 공기 속에 떠 있는 작은 물방울이 햇빛을 받아 빛이 분산되어 나타나는 아름다운 현상입니다. 다양한 가치관과 사상이 공존하는 현대에서는 무지개가 여러 가지 의미를 담는 '상징'으로 사용되기도 합니다. 성서에서는 하나님의 '언약 상징'으로 등장합니다. 세상의 죄악이 극심해지자 하나님께서 홍수로 세상을 심판하셨고 새로운 세상의 시작을 알리며 "내가 내 무지개를 구름 속에 두었나니 이것이 나와 세상 사이의 언약의 증거니라"(창9:13)는 언약의 상징으로 무지개를 말씀하셨습니다.

무지개는 히브리어로 '케쉐트'인데 '활'이라는 뜻을 담고 있습니다. 영어로는 'Rainbow'입니다. 비(Rain)가 온 뒤에 볼 수 있는 활(bow)의 모양입니다. '케쉐트'는 사냥이나 전쟁에서 쓰는 활로 사냥꾼(창27:3), 전사의 활(삼상31:3), 화살을 장전하여 쏘는(왕상13:15-) 등의 의미가 있으며 하나님의 진노와 심판, 악인들에 의한 의인의 죽음을 상징하는 이중적 의미로 사용되었습니다. 하박국 3장 9절은 하나님을 "활을 꺼내시어 홍수를 쏘시는 분"으로 묘사합니다. 노아의 홍수 이후 하나님은 다시는 물로 모든 육체들을 멸망시키지 않겠다는 약속으로 하나님의 활(무지개)을 구름 속에 걸어 두셨습니다. 무지개를 활 모양으로 보았을 때 그 화살의 끝은 하늘을 향하고 있습니다. 화살이 하늘을 향했다는 표현은 곧 화살이 하나님을 향하고 있다는 것을 의미합니다. 하나님의 진노의 화살은 이제 땅이 아니라 하늘을 향하고 있으며, 인간이 아니라 하나님께로 향하고 있다는 것입니다. 하나님께서 다시는 사람들과의 전쟁을 하지 않겠다는 의미입니다. 무지개는 하나님께서 자신의 희생을 통해서 인간을 구원하시겠다는 언약의 의미를 담고 있으며, 더 나아가 인간의 죄를 짊어지시고 대신 저주의 화살을 맞으신 예수 그리스도의 십자가 사건을 예표하고 있습니다.

무지개는 인간의 입장에서 보면 하나님의 언약과 평안을 상징하지만, 하나님의 입장에서는 희생과 죽음을 의미합니다. 하나님께서 죄인을 구원하기 위해 인간에게 어떠한 조건을 요구하지 않으셨습니다. 하나님께서 일방적으로 자신의 희생을 통해 인간을 구원하겠다고 언약하셨습니다. 인간의 죄를 대신하여 독생자 예수 그리스도를 십자가에 죽게 하신 것입니다. 예수 그리스도의 희생과 섬김인 것입니다. 마가복음 10장 45절 "인자가 온 것은 섬김을 받으려 함이 아니라 도리어 섬기려 하고 자기 목숨을 많은 사람의 대속물로 주려함이니라" 이것이 하나님이 인간을 섬기시는 디아코니아입니다.

♠ 관찰

무지개가 상징하는 것은 무엇입니까?

♠ 적용과 질문

하나님의 희생으로 내가 얻은 약속은 무엇이 있습니까?

♠ 실천

오늘 내가 실천할 수 있는 디아코니아 활동은 무엇입니까?

9 | 셈과 야벳의 디아코니아 (창세기 9:20-27)

20 노아가 농사를 시작하여 포도나무를 심었더니
21 포도주를 마시고 취하여 그 장막 안에서 벌거벗은지라
22 가나안의 아버지 함이 그의 아버지의 하체를 보고 밖으로 나가서 그의 두 형제에게 알리매
23 셈과 야벳이 옷을 가져다가 자기들의 어깨에 메고 뒷걸음쳐 들어가서 그들의 아버지의 하체를 덮었으며 그들이 얼굴을 돌이키고 그들의 아버지의 하체를 보지 아니하였더라
24 노아가 술이 깨어 그의 작은 아들이 자기에게 행한 일을 알고
25 이에 이르되 가나안은 저주를 받아 그의 형제의 종들의 종이 되기를 원하노라 하고
26 또 이르되 셈의 하나님 여호와를 찬송하리로다 가나안은 셈의 종이 되고
27 하나님이 야벳을 창대하게 하사 셈의 장막에 거하게 하시고 가나안은 그의 종이 되게 하시기를 원하노라 하였더라

당대에 의인이요 완전한 자라 불렸던 노아에게 수치스러운 일이 벌어졌습니다. 노아는 방주에서 나온 후 포도 농사를 지었는데 이로 인해 취하여 하체가 벗겨진 줄도 모르고 누워 잠을 잡니다. 문제는 이것을 아들 함이 보게 되고 이 일로 저주를 받습니다. 함의 실수로 인해 그의 아들들이 벌을 받게 됩니다. 여기서 '보았다'라는 말은 히브리어 '라아'입니다. 그냥 단순히 보는 것이 아니라 목적을 가지고 살핀다는 의미입니다. 그것도 '하체' 즉 성기를 가리키는 말입니다. 아버지의 하체라고 말한 것은, 아버지 아내의 하체를 말합니다. 레위기 18장 7절에 어머니의 하체가 아버지의 하체라고 기록하고 있습니다. 본문에는 함이 아버지 아내의 하체를 보고 두 형제에게 사실을 말했다고 되어있습니다. 여기서 '말했다'라는 말은 '나아'인데 '같이 도모하다'는 뜻입니다. 함이 형제들에게 같이 죄를 짓자고 도모한 것입니다. 방주에서 나온 지 얼마나 되었다고, 무시무시한 심판을 겪고 나서도 인류의 죄성은 사라지지 않았습니다. 창조 시에도 재창조 시에도 마찬가지입니다. 인간은 점점 더 나빠집니다.

반면에 셈과 야벳은 포도주를 마시고 쓰러져 있는 아버지의 하체를 보고 뒷걸음질하여 아버지의 하체를 가립니다. 여기서 가린다는 말은 '캇싸'인데 '덮었으며'라는 의미가 있습니다. 아버지의 약점을 덮어준 것입니다. 예수님이 이 땅에 오셔서 하신 일이 덮어주심입니다. 죄 많은 인간의 연약함을 덮어주시고, 부끄러움을 덮어주셨습니다. 이것이 디아코니아입니다. 창조 시에도 사탄은 벗은 몸을 보게 하고 수치를 느끼게 합니다. 그러나 하나님은 선악과를 따먹고 벌거벗은 수치를 발견한 아담과 하와를 위해 가죽으로 옷을 만들어 입혀 주셨습니다. 덮는 자에게 임하는 복은 무엇입니까? '창대케 하사'(아프테)는 '크게 하다. '거하게 하시고', '축복을 나누어 가지게 하시다'라는 의미를 가지고 있습니다. 그 복은 계속 진행되고 있습니다. 실제로 셈의 자손 중에서 아브람이 태어났고 나아가 예수 그리스도가 오십니다.

다른 사람의 허물을 들추고 드러내는 사람이 있고, 감싸고 덮어주는 사람이 있습니다. 오늘 이 사건이 말하고자 하는 것은 무엇일까요? 가나안은 오랜 시간 축적된 악한 문화가 있었습니다. 우상숭배와 성적 타락이 가나안의 문명 안에 가득했습니다. 하나님께서는 이스라엘 백성들이 가나안 원주민을 따라 남의 수치를 보고 비웃고 손가락질할까봐 염려하셨습니다. 그래서 모세를 통해 이스라엘 백성들에게 경고의 메시지를 전하셨습니다. 예수 그리스도는 십자가의 보혈로 우리의 수치를 덮어주고자 오셨습니다. 우리도 예수님처럼 다른 이들의 허물과 부끄러움을 감싸고 덮어주는 자가 되기를 축복합니다.

♠ 관찰

수치를 당한 인간을 위해 하나님께서 하신 일은 무엇입니까?

♠ 적용과 질문

험담, 비난, 폭로는 남의 허물과 부끄러움을 들추어내는 모습입니다. 내 입술은 무엇을 지켜야 할까요?

♠ 실천

오늘 내가 실천할 수 있는 디아코니아 활동은 무엇입니까?

10 | 하란을 떠나는 디아코니아 (창세기 12:1-9)

¹ 여호와께서 아브람에게 이르시되 너는 너의 고향과 친척과 아버지의 집을 떠나 내가 네게 보여 줄 땅으로 가라 ² 내가 너로 큰 민족을 이루고 네게 복을 주어 네 이름을 창대하게 하리니 너는 복이 될지라 ³ 너를 축복하는 자에게는 내가 복을 내리고 너를 저주하는 자에게는 내가 저주하리니 땅의 모든 족속이 너로 말미암아 복을 얻을 것이라 하신지라 ⁴ 이에 아브람이 여호와의 말씀을 따라갔고 롯도 그와 함께 갔으며 아브람이 하란을 떠날 때에 칠십오 세였더라 ⁵ 아브람이 그의 아내 사래와 조카 롯과 하란에서 모은 모든 소유와 얻은 사람들을 이끌고 가나안 땅으로 가려고 떠나서 마침내 가나안 땅에 들어갔더라 ⁶ 아브람이 그 땅을 지나 세겜 땅 모레 상수리나무에 이르니 그 때에 가나안 사람이 그 땅에 거주하였더라 ⁷ 여호와께서 아브람에게 나타나 이르시되 내가 이 땅을 네 자손에게 주리라 하신지라 자기에게 나타나신 여호와께 그가 그 곳에서 제단을 쌓고 ⁸ 거기서 벧엘 동쪽 산으로 옮겨 장막을 치니 서쪽은 벧엘이요 동쪽은 아이라 그가 그 곳에서 여호와께 제단을 쌓고 여호와의 이름을 부르더니 ⁹ 점점 남방으로 옮겨갔더라

미 동부 해안 조그만 마을에 큰 바위가 하나 있습니다. 그 바위에는 '1620'이라는 숫자가 새겨져 있는데 그 의미는 1620년 9월 20일, 65일 동안 성인 70명 아이들 32명 총 102명이 대서양을 건너서 그 곳에 도착한 해를 말하는 것입니다. 영국에서 출발했던 항구의 이름을 따라 이 작은 해안 마을의 이름을 플리머스라 지었습니다. 당시 그들이 타고 온 배는 와인을 실어 나르는 무역선이었습니다. 무슨 이유로 102명의 사람들은 대서양을 건너 왔을까요?

당시 이들이 살던 영국은 헨리 8세가 왕이 되어 통치하고 있었습니다. 그런데 헨리 8세의 결혼생활에는 여러 가지 문제가 있었습니다. 이에 종교적인 지지가 필요했던 헨리 8세는 영국 왕을 수장으로 삼는 새로운 교회를 세우게 되었습니다. 그렇게 세워진 영국교회는 서로를 핍박하게 되고 박해로 인하여 많은 사람들은 종교의 자유를 찾아 영국을 떠나게 되었습니다. 이들은 신앙의 순수성을 찾아 나왔기에 '정화된 신앙인들' 즉 '퓨리탄, 청교도'라고 불리게 됩니다.

이 청교도들은 처음에는 대서양이 아닌 네덜란드로 향했습니다. 네덜란드는 작은 나라였지만 상업과 무역이 발달하였습니다. 종교의 자유를 찾아 도착한 네덜란드에서 낯선 언어와 문화 때문에 정착에 어려움을 겪게 되었습니다. 자녀들이 자유로운 네덜란드 문화에 동화되고 풍요로운 삶에 빠져들어 퓨리탄의 정신을 잃게 될 것이 두려웠습니다. 결국 10년의 세월을 지낸 후 이주를 결심합니다. 그래서 떠난

곳이 대서양을 건너 미국으로 향하게 되었습니다. 이들이 그곳을 떠날 때 붙들었던 말씀이 창세기 12장 1절입니다. "여호와께서 아브람에게 이르시되 너는 너의 고향과 친척과 아버지의 집을 떠나 내가 네게 보여줄 땅으로 가라."

아브람은 고향 우르리는 곳에 살고 있다가 아버지와 함께 하란으로 왔습니다. 하란도 살기 좋은 지역입니다. 풍요로운 땅, 익숙한 환경, 친구들과 가족들이 함께 살아가기에 좋은 곳입니다. 이런 하란을 떠난다는 것은 쉬운 일이 아닙니다. 하나님은 목적지도 보여주지 않고 '내가 네게 보여줄 땅으로 가라'고 합니다. 그 땅은 가나안입니다. 전혀 알지 못하는 그곳에서 하나님을 섬기며 이웃을 섬기며 디아코니아 삶을 살아가는 것이 하나님의 명령입니다. 아브람은 지극히 평범한 사람이었습니다. 왜 그를 택했는지 알 수가 없습니다. 이것은 하나님의 선택이요 주권입니다. 우리도 주님이 선택하여 부르셨습니다. 그러하기에 익숙한 삶의 자리를 떠나 새롭게 도전하는 결단이 필요합니다. 또한 우리의 직장과 일터에서 말씀을 붙들고 하나님을 섬기며 이웃을 섬기는 디아코노스의 삶을 살아야 합니다.

♠ 관찰

아브람이 하나님의 말씀을 따르기위해 포기한 것은 무엇입니까?

♠ 적용과 질문

그리스도인으로 산다는 건 세상에 동화되지 않기, 풍요로움에서 벗어나기, 주님의 부르심에 응답하기, 익숙한 곳에서 떠나기, 그리고 결단 등이 있습니다. 주님께서 원하시는 삶을 살기 위해서 내가 떠나야 할 것은 무엇입니까?

♠ 실천

오늘 내가 실천할 수 있는 디아코니아 활동은 무엇입니까?

11 | 아브람과 롯의 디아코니아 (창세기 13:8-18)

⁸ 아브람이 롯에게 이르되 우리는 한 친족이라 나나 너나 내 목자나 네 목자나 서로 다투게 하지 말자 ⁹ 네 앞에 온 땅이 있지 아니하냐 나를 떠나가라 네가 좌하면 나는 우하고 네가 우하면 나는 좌하리라 ¹⁰ 이에 롯이 눈을 들어 요단 지역을 바라본즉 소알까지 온 땅에 물이 넉넉하니 여호와께서 소돔과 고모라를 멸하시기 전이었으므로 여호와의 동산 같고 애굽 땅과 같았더라 ¹¹ 그러므로 롯이 요단 온 지역을 택하고 동으로 옮기니 그들이 서로 떠난지라 ¹² 아브람은 가나안 땅에 거주하였고 롯은 그 지역의 도시들에 머무르며 그 장막을 옮겨 소돔까지 이르렀더라 ¹³ 소돔 사람은 여호와 앞에 악하며 큰 죄인이었더라 ¹⁴ 롯이 아브람을 떠난 후에 여호와께서 아브람에게 이르시되 너는 눈을 들어 너 있는 곳에서 북쪽과 남쪽 그리고 동쪽과 서쪽을 바라보라 ¹⁵ 보이는 땅을 내가 너와 네 자손에게 주리니 영원히 이르리라 ¹⁶ 내가 네 자손이 땅의 티끌 같게 하리니 사람이 땅의 티끌을 능히 셀 수 있을진대 네 자손도 세리라 ¹⁷ 너는 일어나 그 땅을 종과 횡으로 두루 다녀 보라 내가 그것을 네게 주리라 ¹⁸ 이에 아브람이 장막을 옮겨 헤브론에 있는 마므레 상수리 수풀에 이르러 거주하며 거기서 여호와를 위하여 제단을 쌓았더라

부모님의 이혼으로 어머니의 손에 이끌리어 시골 할머니의 집에 머물게 된 상우는 농촌의 모든 것이 생소합니다. 전자오락기와 롤러블레이드의 세상에서 살아온 아이답게 배터리도 팔지 않는 시골에서 생애 최초의 시련을 겪으며 살아갑니다. 77세의 허리가 구부러진 시골 할머니와 도심지에서 온 7살의 손자의 만남은 출발부터 쉽지 않습니다. 그러나 상우는 시골 할머니 집에 머물면서 조금씩 변하기 시작합니다. 평생 검정 고무신 하나로 살아왔던 할머니가 상우에게 배터리와 신발을 사주고자 직접 키운 채소를 장에 내다 팔고는 차비를 아끼기 위해 손자만 버스에 태워 보냅니다. 비를 맞으며 산길을 걸어오는 할머니를 보면서 상우는 할머니의 정과 농촌의 아름다움에 빠져들게 됩니다. 수년 전에 나온 '집으로'라는 영화 이야기입니다.

성서에도 농촌과 도심지 둘을 놓고 어디를 선택할 것인가 방황하는 모습이 나옵니다. 아브람은 혼자 된 조카 롯을 데리고 하나님의 말씀을 따라 가나안에 들어갔는데 기근이 생깁니다. 이들은 기근을 피해 애굽으로 이주합니다. 그곳은 그들이 살던 곳과는 달리 도시문화가 형성된 곳이었습니다. 그곳에서 아브람은 부인을 여동생이라고 속였다가 하나님의 도우심으로 오히려 수많은 육축과 은, 금을 가지고 애굽을 나오게 됩니다. 뜻하지 않게 부자가 되자 아브람과 롯의 가족들이 다투게 됩니다. 아브람은 조카 롯의 가족과 분가할 때가 되었다고 판단하여 롯에게 먼저 거할 곳을 선택하라고 합니다.

롯은 어디를 선택합니까? "마치 여호와의 동산 같고 애굽 땅과 같았더라." 하나님이 원하시는 에덴동산을 향해 가야 한다는 중압감이 있습니다. 잠시 살아보니 애굽의 도시가 마음에 들었습니다. 이 두 가지의 욕구를 채워 주는 장소가 기준이 되어 소돔성을 선택합니다. 그런데 그가 선택한 결과는 전쟁 같은 삶이었습니다. 도시 간의 치열한 전쟁이 벌어집니다. 부모의 권위가 무너지고 단란한 가정이 파괴되며 성적 타락이 만연한 곳이었습니다. 멀리서 보기에는 여호와의 동산이요 애굽 같았지만, 그곳은 멸망의 성읍이 되어 가고 있었습니다.

아브람은 어디를 선택합니까? 아브람은 동과 서에 관심이 있지 않습니다. 그의 관심은 '여호와께서 이르시되' 하나님의 말씀, 한 가지만을 붙들고 왔습니다. 아브람은 도시든 농촌이든 그것이 중요한 것이 아닙니다. 그곳이 하나님이 지시하는 땅인지 그곳에서 내가 섬길 수 있는 것이 무엇인지 오직 그것에만 관심을 가지고 선택하였습니다. 이것이 섬기는 자의 자세입니다. 나의 필요가 아닌 하나님의 필요와 하나님의 이끄심에 순종하는 삶을 살아가는 것입니다.

♠ 관찰

아브람이 가나안을 선택한 기준은 무엇입니까?

♠ 적용과 질문

후회하지 않는 바른 선택을 하기 위해 내가 묵상해야 할 것은 무엇이 있습니까?

♠ 실천

오늘 내가 실천할 수 있는 디아코니아 활동은 무엇입니까?

12 | 할례의 디아코니아 (창세기 15:1-11)

¹ 이 후에 여호와의 말씀이 환상 중에 아브람에게 임하여 이르시되 아브람아 두려워하지 말라 나는 네 방패요 너의 지극히 큰 상급이니라 ² 아브람이 이르되 주 여호와여 무엇을 내게 주시려 하나이까 나는 자식이 없사오니 나의 상속자는 이 다메섹 사람 엘리에셀이니이다 ³ 아브람이 또 이르되 주께서 내게 씨를 주지 아니하셨으니 내 집에서 길린 자가 내 상속자가 될 것이니이다 ⁴ 여호와의 말씀이 그에게 임하여 이르시되 그 사람이 네 상속자가 아니라 네 몸에서 날 자가 네 상속자가 되리라 하시고 ⁵ 그를 이끌고 밖으로 나가 이르시되 하늘을 우러러 뭇별을 셀 수 있나 보라 또 그에게 이르시되 네 자손이 이와 같으리라 ⁶ 아브람이 여호와를 믿으니 여호와께서 이를 그의 의로 여기시고 ⁷ 또 그에게 이르시되 나는 이 땅을 네게 주어 소유를 삼게 하려고 너를 갈대아인의 우르에서 이끌어 낸 여호와니라 ⁸ 그가 이르되 주 여호와여 내가 이 땅을 소유로 받을 것을 무엇으로 알리이까 ⁹ 여호와께서 그에게 이르시되 나를 위하여 삼 년 된 암소와 삼 년 된 암염소와 삼 년 된 숫양과 산비둘기와 집비둘기 새끼를 가져올지니라 ¹⁰ 아브람이 그 모든 것을 가져다가 그 중간을 쪼개고 그 쪼갠 것을 마주 대하여 놓고 그 새는 쪼개지 아니하였으며 ¹¹ 솔개가 그 사체 위에 내릴 때에는 아브람이 쫓았더라

얼마 전 나정희 선교사(케냐, 마사이족 선교)의 선교 칼럼에 나온 이야기입니다. 마사이 부족은 할례의식을 중요한 행사로 여겨 마을 잔치를 연다고 합니다. 14살 된 마사이 소년이 할례를 받는데 예전에는 집안의 나이 드신 분이 집행하였고, 지금은 의사가 집행하는데 마취도 하지 않고 할례를 행하고 있습니다. 할례를 받은 소년은 통증으로 진땀을 흘리며 고통스러워하면서도 학생 단화를 선물로 주니까 기뻐하는 모습을 보았다고 합니다. 지금은 법으로 금지되어 할 수 없지만 아직도 법망을 피하여 할례의식을 행하는 부족들이 있다고 합니다.

성서에도 할례가 나옵니다. 처음 등장한 것은 이스마엘이 태어난 지 13년이 되는 해에 하나님께서 아브람을 찾아오셔서 할례를 요구합니다. 하나님의 언약이 영원한 것임을 분명히 기억하도록 그 표시를 사람의 육체에 새겨 넣게 하신 것입니다. 그 이후 난지 8일이 지난 어린이 등 모든 남자는 할례를 받아야 했습니다. 심지어는 돈을 주고 사 온 노예까지도 할례를 받아야 했습니다. 할례를 통해 하나님과 언약을 맺은 사람답게 살아갈 것을 말씀하셨습니다. 그리고 하나님께서는 이제껏 사용하던 이름 '아브람'을 '아브라함'으로 고쳐주십니다.

할례의 본뜻은 '자르는 것'입니다. 언약을 '맺는다'의 원래 의미가 '잘라낸다', '칼로 가른다'는 뜻이 있습니다. 이는 언약을 지키지 않으면 징벌을 받는다는 의미에서 온 것입니다. 창세기 15장에서 하나님께서는 언약을 체결하시면서 동물을 반으로 자르셨습니다. 하나님께서 아브라함에게 후손과 땅을 약속하시고 그 약속을 지키시지 않으면 동물처럼 몸이 잘리는 벌을 받는다고 하신 것입니다. 이는 언약을 지키지 않으면 저주를 받게 된다는 표징(sign)입니다.

할례를 통해 하나님과의 언약을 맺은 사람은 이전과는 다른 삶을 살아야 합니다. 할례를 행한 후의 아브라함은 변화된 모습을 보여줍니다. 이전에는 볼 수 없었던 '사람을 섬기는 모습'으로 변하였습니다. 아브라함이 장막 문에서 쉬고 있을 때 하나님의 사람 3명이 그를 찾아옵니다. 아브라함은 그들이 하나님의 사람들임을 몰랐음에도 불구하고 아주 극진히 섬깁니다.(히13:2) 가장 좋은 음식으로, 가장 시원한 곳에서, 가장 겸손하게 섬깁니다. 성서의 저자는 아브라함이 할례를 받은 후에 이렇게 섬기는 삶의 자세로 변화되었다는 것을 말하고 있는 것입니다. 오늘날, 할례는 예수님을 통해서 세례로 바뀌었습니다. 골로새서 2:11은 "세례는 그리스도의 할례"라고 합니다. 우리가 세례받은 자라면 이전과는 다른 삶을 살아야 합니다. 변화된 아브라함처럼 섬기러 오신 예수님처럼 모든 이들을 섬기는 삶을 살아야 합니다.

♠ 관찰

할례가 의미하는 것은 무엇입니까?

♠ 적용과 질문

할례는 이전과 다른 삶을 살아야 한다는 표시입니다. 예수 믿는 나는 이전과 다른 삶을 살기 위해 무엇을 해야 할까요?

♠ 실천

오늘 내가 실천할 수 있는 디아코니아 활동은 무엇입니까?

13 | 마므레의 디아코니아 (창세기 18:1-8)

^{1} 여호와께서 마므레의 상수리나무들이 있는 곳에서 아브라함에게 나타나시니라 날이 뜨거울 때에 그가 장막 문에 앉아 있다가
^{2} 눈을 들어 본즉 사람 셋이 맞은편에 서 있는지라 그가 그들을 보자 곧 장막 문에서 달려나가 영접하며 몸을 땅에 굽혀
^{3} 이르되 내 주여 내가 주께 은혜를 입었사오면 원하건대 종을 떠나 지나가지 마시옵고
^{4} 물을 조금 가져오게 하사 당신들의 발을 씻으시고 나무 아래에서 쉬소서
^{5} 내가 떡을 조금 가져오리니 당신들의 마음을 상쾌하게 하신 후에 지나가소서 당신들이 종에게 오셨음이니이다 그들이 이르되 네 말대로 그리하라
^{6} 아브라함이 급히 장막으로 가서 사라에게 이르되 속히 고운 가루 세 스아를 가져다가 반죽하여 떡을 만들라 하고
^{7} 아브라함이 또 가축 떼 있는 곳으로 달려가서 기름지고 좋은 송아지를 잡아 하인에게 주니 그가 급히 요리한지라
^{8} 아브라함이 엉긴 젖과 우유와 하인이 요리한 송아지를 가져다가 그들 앞에 차려 놓고 나무 아래에 모셔 서매 그들이 먹으니라

아브라함은 자주 '모레 상수리나무' 지역에 갔습니다. 히브리어 '모레'는 '이른 비'라는 뜻과 '선생'이라는 뜻이 있습니다. 언뜻 관련이 없어 보이지만 이 둘은 하나의 어근에서 유래되었습니다. 하나님은 이스라엘 백성들에게 율법의 비를 내려서 메마른 땅을 적셔 주셨고, 율법은 이스라엘을 생명의 길로 이끄는 역할을 하였습니다. 아브라함은 어느 뜨거운 한낮에, 장막 문 앞에 앉아 있다가 세 사람이 서 있는 것을 보고 그들에게 음식을 정성껏 준비하여 대접하게 됩니다. 이들은 안면이 있던 이들도 아니고, 평소 알고 지낸 이웃도 아닙니다. 그런데 이들에게 100세가 다 된 노인이, 그것도 뜨거운 지방에서, 가장 더운 시간에 "그들을 보자... 곧 달려 나가... 몸을 땅에 굽혀"(창 18장2절) 그리고 "급히 떡을 만들어"(6절) "기름지고 좋은 송아지를 잡아"(7절) 요리하여 대접합니다. 아브라함이 대접한 사람들이 누구입니까? 여호와 하나님과 두 천사였습니다.

아브라함은 곤란한 환경을 탓하지 않고 달려 나가 환대하고 극진히 대접하며 참된 섬김의 모습 보여줍니다. 이 디아코니아를 통해 사라가 아들을 낳을 것이라는 약속의 말씀을 듣게 되었고 말씀대로 아들 이삭을 얻게 되었습니다. 이어 소돔으로 향하는 천사들을 전송하는 아브라함에게 여호와께서는 "내가 하려는 것을 아브라함에게 숨기겠느냐" 하시면서 소돔과 고모라를 심판하실 것을 말씀해 주십니다. 이는 구원받을 기회를 주시는 것입니다. 심판이 임하기 전,

회개하고 돌이킬 수 있는 길을 열어주신 것입니다. 진정한 섬김은 이처럼 생명을 잉태하고 구원의 역사를 이루게 하는 힘이 있습니다.

천재로 불리던 한 소년이 있었습니다. 그의 인생은 항상 오르막길이었습니다. 주위의 기대대로 하버드대학의 교수가 되었고 그가 집필한 30여 권의 책은 모두 베스트셀러가 되었습니다. 어느 날 이 사람이 폭탄선언을 합니다. "나는 교수직을 포기하고 정박아 시설에 들어가 새로운 인생을 살겠습니다." 사람들은 그가 가진 재능과 지식으로 후학을 양성하라고 제안합니다. 그러나 그는 "오르막길 인생은 성공과 칭찬에 가려 예수님이 보이지 않았습니다. 이제 낮은 곳에서 예수님을 만날 것입니다."라고 말한 후 매사추세츠 정박아 시설에서 용변, 식사, 목욕 등의 일을 하며 인생의 말년을 보낸 후 소천 하였습니다. 이 사람이 바로 '상처 입은 치유자'의 저자 헨리 나우웬입니다. 그는 성공과 칭찬의 자리를 포기하고 섬김의 자리에서 자신을 희생하였습니다. 그의 삶은 생명을 잉태하고 구원의 길을 열어주었습니다. 우리가 헨리 나우웬과 아브라함처럼 섬기기를 즐겨하되 최선을 다하여 조건 없이 섬길 때, 주님이 기뻐하시는 생명을 구원하고 영혼을 살리는 삶이 될 것임을 믿습니다.

♠ 관찰

아브라함이 하나님과 두 천사에게 보여준 섬김의 모습은 어떤 것이 있습니까?

♠ 적용과 질문

진정한 섬김은 자신의 환경과 처지와 형편을 따지지 않습니다. 나의 섬김의 모습은 어떻습니까?

♠ 실천

오늘 내가 실천할 수 있는 디아코니아 활동은 무엇입니까?

14 | 롯의 디아코니아 (창세기 19:1–11)

¹저녁 때에 그 두 천사가 소돔에 이르니 마침 롯이 소돔 성문에 앉아 있다가 그들을 보고 일어나 영접하고 땅에 엎드려 절하며 ²이르되 내 주여 돌이켜 종의 집으로 들어와 발을 씻고 주무시고 일찍이 일어나 갈 길을 가소서 그들이 이르되 아니라 우리가 거리에서 밤을 새우리라 ³롯이 간청하매 그제서야 돌이켜 그 집으로 들어오는지라 롯이 그들을 위하여 식탁을 베풀고 무교병을 구우니 그들이 먹으니라 ⁴그들이 눕기 전에 그 성 사람 곧 소돔 백성들이 노소를 막론하고 원근에서 다 모여 그 집을 에워싸고 ⁵롯을 부르고 그에게 이르되 오늘 밤에 네게 온 사람들이 어디 있느냐 이끌어 내라 우리가 그들을 상관하리라 ⁶롯이 문 밖의 무리에게로 나가서 뒤로 문을 닫고 ⁷이르되 청하노니 내 형제들아 이런 악을 행하지 말라 ⁸내게 남자를 가까이 하지 아니한 두 딸이 있노라 청하건대 내가 그들을 너희에게로 이끌어 내리니 너희 눈에 좋을 대로 그들에게 행하고 이 사람들은 내 집에 들어왔은즉 이 사람들에게는 아무 일도 저지르지 말라 ⁹그들이 이르되 너는 물러나라 또 이르되 이 자가 들어와서 거류하면서 우리의 법관이 되려 하는도다 이제 우리가 그들보다 너를 더 해하리라 하고 롯을 밀치며 가까이 가서 그 문을 부수려고 하는지라 ¹⁰그 사람들이 손을 내밀어 롯을 집으로 끌어들이고 문을 닫고 ¹¹문 밖의 무리를 대소를 막론하고 그 눈을 어둡게 하니 그들이 문을 찾느라고 헤매었더라

필자가 해외에서 20년을 살다가 한국에 입국한 지 얼마 안 되었을 때 종로서점을 찾았습니다. 그 당시 종로서점이 문을 닫은 것과 옆의 교보문고를 찾아가라고 길을 알려준 사람은 다름 아닌 외국인이었습니다. 그런데 그날 TV 방송을 통해 고용주가 이주 여성의 여권을 빼앗아 강제로 일을 시키고 구타한 이야기를 듣게 되었습니다. 너무나도 마음이 아픈 소식이었습니다.

우리 민족 역시 오래전부터 이민을 시작하였습니다. 1860년대 두만강의 잦은 범람으로 간도에 이민을 시작으로 1900년대에는 미국과 멕시코, 일제 강점기에는 일본으로 갔습니다. 1960년대에는 서독으로 광부와 간호사들이, 1980년대에는 미국과 호주로 떠났습니다. 2021년 정부의 발표에 따르면 730만 명의 재외동포가 있다고 합니다. 전 세계에서 8번째로 본국을 떠나 해외에서 많이 사는 민족입니다. 그런데 중요한 것은 많은 나라들이 보편적으로 처음 방문한 우리나라 사람들을 따스하게 대하여 주었다는 것입니다. 대부분의 많은 사람이 해외로 나간 주된 이유는 살기 힘들었기 때문입니다. 따스한 마음을 가진 사람들이 먼저 손을 내밀어 잡아 주었고 함께 살 수 있는 길을 열어주었습니다. 그러기에 낯선 해외에서 자리를 잡게 되었고 마침내 '한강의 기적'을 이루었으며, 이 기적은 서울올림픽을 통해 전 세계에 알려지게 되었습니다. 이를 지켜본 중국, 동남아시아 사람들이 한국을 찾아왔고 1990년대부터는 노총각 결혼 문제를 해결하기 위한 결혼 이민자와 영세 및 중소기업의 노동력 부족 문제를 해결하기 위해 외국인 근로자가 들어왔습니다. 그런데 그들을 함부로 대하고 가슴 아프게 만드는 이들의 모습은 너무나도 부끄러운 일입니다.

두 천사기 소돔에 도착하여 성문에 앉아 있던 롯을 만납니다. 하나님을 아는 롯은 이 두 천사를 알아보고 집안으로 데리고 옵니다. 그런데 부패한 소돔성 사람들은 롯의 집에 외부 손님이 온 것을 알고는 집을 에워싸고 그들을 이끌어 내라 말하며 동성애를 요구합니다. 소돔성에 도착한 두 천사는 배려와 돌봄이 필요한 이들이라 할 수 있습니다. 그들을 자기들의 유희를 위하여 이용하겠다는 처사는 말이 안 되는 일입니다. 이때에 롯은 단호하고 분명하게 말합니다. "이 사람들은 내 집에 들어 왔은즉 이 사람들에게는 아무 일도 저지르지 말라"(창19:8) 나그네를 잘 대접하라는 것이 성서의 가르침입니다. "너희도 나그네였음을 기억하여 나그네를 사랑하며 잘 대접하라."(신10:19) 이러한 자세가 디아코니아의 마음입니다. 성서는 모든 성도를 나그네라 부릅니다. 나그네 된 우리들은 나그네가 되어 이 땅을 힘겹게 살아가는 이들을 보살피고 배려하는 삶을 살아야 합니다.

♠ 관찰

롯이 보여준 섬김의 모습은 어떤 것이 있습니까?

♠ 적용과 질문

나의 이웃을 위한 배려와 돌봄은 무엇이 있습니까?

♠ 실천

오늘 내가 실천할 수 있는 디아코니아 활동은 무엇입니까?

15 | 모리아산의 디아코니아 (창세기 22:1-12)

¹ 그 일 후에 하나님이 아브라함을 시험하시려고 그를 부르시되 아브라함아 하시니 그가 이르되 내가 여기 있나이다 ² 여호와께서 이르시되 네 아들 네 사랑하는 독자 이삭을 데리고 모리아 땅으로 가서 내가 네게 일러 준 한 산 거기서 그를 번제로 드리라 ³ 아브라함이 아침에 일찍이 일어나 나귀에 안장을 지우고 두 종과 그의 아들 이삭을 데리고 번제에 쓸 나무를 쪼개어 가지고 떠나 하나님이 자기에게 일러 주신 곳으로 가더니 ⁴ 제삼일에 아브라함이 눈을 들어 그 곳을 멀리 바라본지라 ⁵ 이에 아브라함이 종들에게 이르되 너희는 나귀와 함께 여기서 기다리라 내가 아이와 함께 저기 가서 예배하고 우리가 너희에게로 돌아오리라 하고 ⁶ 아브라함이 이에 번제 나무를 가져다가 그의 아들 이삭에게 지우고 자기는 불과 칼을 손에 들고 두 사람이 동행하더니 ⁷ 이삭이 그 아버지 아브라함에게 말하여 이르되 내 아버지여 하니 그가 이르되 내 아들아 내가 여기 있노라 이삭이 이르되 불과 나무는 있거니와 번제할 어린 양은 어디 있나이까 ⁸ 아브라함이 이르되 내 아들아 번제할 어린 양은 하나님이 자기를 위하여 친히 준비하시리라 하고 두 사람이 함께 나아가서 ⁹ 하나님이 그에게 일러 주신 곳에 이른지라 이에 아브라함이 그 곳에 제단을 쌓고 나무를 벌여 놓고 그의 아들 이삭을 결박하여 제단 나무 위에 놓고 ¹⁰ 손을 내밀어 칼을 잡고 그 아들을 잡으려 하니 ¹¹ 여호와의 사자가 하늘에서부터 그를 불러 이르시되 아브라함아 아브라함아 하시는지라 아브라함이 이르되 내가 여기 있나이다 하매 ¹² 사자가 이르시되 그 아이에게 네 손을 대지 말라 그에게 아무 일도 하지 말라 네가 네 아들 네 독자까지도 내게 아끼지 아니하였으니 내가 이제야 네가 하나님을 경외하는 줄을 아노라

아브라함이 아침에 일찍이 일어나 나귀에 안장을 지우고 두 종과 그의 아들 이삭을 데리고 떠납니다. 그 시대의 여행 방식에 따라, 이른 아침 먼동이 틀 무렵에 길을 나섭니다. 베들레헴 지역에서 예루살렘 모리아 산까지는 10km 안팎의 2-3시간 정도 걸리는 거리였습니다. 모리아 땅의 산기슭에 도착하여 번제에 쓸 나무를 메고, 불과 칼을 들고 아브라함과 이삭이 산에 오릅니다. 그리 높지 않은 산언덕까지 오르는 데는 긴 시간이 걸리지 않았습니다.

아브라함이 이삭을 제물로 바치려할 때 이삭이 순종한 것을 두고 많은 사람들은 부전자전이라고 말합니다. 어떤 면에서 아들이 더 나았다고 평가합니다. 모리아 산에서 이삭이 제물로 결박될 때의 나이를 17세에서 37세 사이로 봅니다. 이삭은 번제에 쓸 나무를 짊어지고 모리아 산을 오를 만큼 혈기 왕성한 때였습니다. 그렇다면 100세가 많은 아브라함을 제압할 힘은 충분하였을 것입니다. 아브라함이 자신을 묶는다고 해서 그저 묶일 나이도 아니었고, 칼을 들어 내리친다고 그냥 당할 나이도 아니었습니다. 그러나 이삭은 순종합니다.

지금도 전통, 관습, 운명의 이름으로 세계 곳곳에서 자행되는 폭력이 있습니다. 중부 아프리카 지역에서 벌어지는 만행이 그것입니다. 성인식을 거행한다며 어린 남녀 아이들에게 성기 절제술을 버젓이 자행합니다. 어린아이들이 이 악행에 저항하지 않는다고 하여 고통을 느끼지 못하는 것은 아닙니다. 저항할 힘을 갖지 못한 이들의 체념이며 전통과 관습에 대한 어쩔 수 없는 복종일 뿐입니다. 그렇다면 이것은 이삭의 순종과는 다릅니다. 아버지의 말씀에 순종하는 이삭의 모습과 하나님의 말씀에 순종하여 자신의 아들 이삭을 번제물로 바치려는 아브라함의 모습은 거룩한 순종이고 희생입니다. 이것이 디아코니아(섬김)입니다. 예수님도 아버지의 뜻에 순종하여 자기 목숨을 대속물로 내어놓으셨습니다.

최근에 은퇴를 앞둔 권사님들과 대화를 나누었습니다. 신앙생활 중 가장 기억나는 일들은 어려운 가운데서도 멈추지 않았던 봉사에 대한 기억들이었습니다. 과거엔 장례가 나면 교회 동산에 매장을 하였기에 모두가 함께 먹을 수 있는 음식을 장만하여 언덕길에 실어 나르고 불을 피워 국밥을 해 먹는 수고로움이 있었습니다. 학생 수련회가 열리면 음식을 준비하고 봉사하는 일이 힘들었지만, 그때를 생각하면 감사하다고 하셨습니다. 요즘은 어떤가요? 희생이란 단어가 거의 없습니다. 봉사할 사람을 찾기 힘듭니다. 이런 시대에 자기희생과 순종을 보여준 아브라함과 이삭의 모습은 우리에게 큰 도전이 됩니다. 순종할 수 없는 것을 믿음으로 순종한 아브라함과 이삭처럼 어려운 상황에서도 순종함으로 하나님의 역사를 경험하기를 바랍니다.

♠ 관찰

아브라함이 모리아산에서 보여준 순종과 섬김의 모습은 무엇입니까?

♠ 적용과 질문

아브라함의 순종이 위대한 이유는 자신의 가장 소중한 것을 희생했기 때문입니다. 나에게 가장 소중한 것을 주님과 이웃에게 줄 수 있는 섬김의 모습은 어떤 것이 있을까요?

♠ 실천

오늘 내가 실천할 수 있는 디아코니아 활동은 무엇입니까?

16 | 번제물 이삭의 디아코니아 (창세기 22:8-18)

⁸ 아브라함이 이르되 내 아들아 번제할 어린 양은 하나님이 자기를 위하여 친히 준비하시리라 하고 두 사람이 함께 나아가서
⁹ 하나님이 그에게 일러 주신 곳에 이른지라 이에 아브라함이 그 곳에 제단을 쌓고 나무를 벌여 놓고 그의 아들 이삭을 결박하여 제단 나무 위에 놓고
¹⁰ 손을 내밀어 칼을 잡고 그 아들을 잡으려 하니
¹¹ 여호와의 사자가 하늘에서부터 그를 불러 이르시되 아브라함아 아브라함아 하시는지라 아브라함이 이르되 내가 여기 있나이다 하매
¹² 사자가 이르시되 그 아이에게 네 손을 대지 말라 그에게 아무 일도 하지 말라 네가 네 아들 네 독자까지도 내게 아끼지 아니하였으니 내가 이제야 네가 하나님을 경외하는 줄을 아노라
¹³ 아브라함이 눈을 들어 살펴본즉 한 숫양이 뒤에 있는데 뿔이 수풀에 걸려 있는지라 아브라함이 가서 그 숫양을 가져다가 아들을 대신하여 번제로 드렸더라
¹⁴ 아브라함이 그 땅 이름을 여호와 이레라 하였으므로 오늘날까지 사람들이 이르기를 여호와의 산에서 준비되리라 하더라
¹⁵ 여호와의 사자가 하늘에서부터 두 번째 아브라함을 불러
¹⁶ 이르시되 여호와께서 이르시기를 내가 나를 가리켜 맹세하노니 네가 이같이 행하여 네 아들 네 독자도 아끼지 아니하였은즉
¹⁷ 내가 네게 큰 복을 주고 네 씨가 크게 번성하여 하늘의 별과 같고 바닷가의 모래와 같게 하리니 네 씨가 그 대적의 성문을 차지하리라
¹⁸ 또 네 씨로 말미암아 천하 만민이 복을 받으리니 이는 네가 나의 말을 준행하였음이니라 하셨다 하니라

17세기 네델란드의 화가 렘브란트는 30세에 유화로 '이삭의 희생'이란 그림을 그렸습니다. 이삭은 뒤로 묶여 있고, 아브라함은 손으로 그의 입과 턱을 틀어막고 젖힌 목에 칼을 내려치려는 순간 천사가 그 손을 붙잡았습니다. 하나님의 말씀 그대로 순종하는 아브라함의 단호함이 돋보입니다. 10년이 지나 그린 두 번째 그림에서는 아브라함과 이삭이 서로 마주 대하고 서 있습니다. 아브라함의 한 손가락이 하늘을 향하고 다른 한 손은 가슴에 대고 있는 것으로 볼 때 "나는 너를 사랑하지만, 하나님의 뜻이기에 어쩔 수 없다."고 설명하는 것 같습니다. 두 번째 그림을 그릴 때에 자녀 4명 중 3명의 자녀를 잃고 아내마저 잃은 렘브런트는 슬픈 표정으로 나뭇단을 들고 서 있는 이삭의 얼굴을 통해 자신의 인생을 담아내고 있는 듯합니다.

 세 번째 그림은 다시 10년이 지나 렘브란트의 나이가 50대가 되었을 때 그린 동판화입니다. 여기서는 이삭의 순종이 눈에 들어옵니다. 이삭은 결박되지 않았으며 무릎을 꿇고 아버지의 결정에 순종합니다. 무력해 보이지만 역시 순종하는 아브라함의 모습은 이전 그림들보다 갈등 없이 그려져 있습니다. 이 그림을 그릴 때 렘브란트는 재정 파산 신고까지 한 상태였습니다. 현실의 어려움을 극복하고자 하는 의지가 그림에 담겨 있습니다. 렘브란트의 그림을 보면서 인생이 단순하지 않고 우리의 신앙생활이 순탄치 않음을 배울 수 있습니다.

아브라함과 이삭이 보여준 신앙의 모습은 어떤가요? 당시 이삭은 혈기 왕성한 청년이었습니다. 그에 비하여, 아버지는 115세 이상의 노인입니다. 아들이 아버지를 얼마든지 피할 수 있었습니다. 더군다나 이삭은 나무 위에 올려져 있습니다. 아브라함이 이삭을 들어서 올려놓았을까요? 이삭이 스스로 나무 위에 올라가야만 합니다. 아버지나 아들, 모두가 순종하지 않으면 불가능한 일입니다.

우리는 이 장면에서 예수님의 십자가 사건을 떠올려보게 됩니다. 아브라함이 이삭과 함께 오른 모리아 산은 하나님께서 예수님과 함께 오른 갈보리 산입니다. 이삭의 등에는 자신을 태울 장작이 짊어져 있고 예수님의 등에는 자신이 달릴 십자가가 짊어져 있습니다. 이삭이 번제로 드려졌던 바로 그 자리에 2000년이 지난 후 예수님께서 십자가에 못 박히셨습니다. 자기의 생명을 많은 사람의 대속물로 내어주시기 위해 순종함으로 십자가에 달리셨습니다. 피하고 싶은 자리이지만 누구도 대신 할 수 없는 것을 아셨기에 수치와 모욕, 조롱을 겪으시며 십자가에 못 박히시고 돌아가셨습니다. 이것이 최고의 디아코니아입니다. 목숨을 내어준 섬김입니다. 예수님의 섬김은 우리를 구원에 이르도록 하였습니다. 우리의 섬김이 이웃과 열방을 주님께로 인도하는 통로되길 원합니다.

♠ 관찰

이삭의 순종은 어떤 모습인가요?

♠ 적용과 질문

아브라함과 이삭이 함께 순종했을 때 가장 아름다운 순종이 되었습니다. 나와 이웃이 함께 더불어 할 수 있는 순종은 어떤 것이 있을까요?

♠ 실천

오늘 내가 실천할 수 있는 디아코니아 활동은 무엇입니까?

17 | 막벨라굴의 디아코니아 (창세기 23:1-11)

¹ 사라가 백이십칠 세를 살았으니 이것이 곧 사라가 누린 햇수라 ² 사라가 가나안 땅 헤브론 곧 기럇아르바에서 죽으매 아브라함이 들어가서 사라를 위하여 슬퍼하며 애통하다가 ³ 그 시신 앞에서 일어나 나가서 헷 족속에게 말하여 이르되 ⁴ 나는 당신들 중에 나그네요 거류하는 자이니 당신들 중에서 내게 매장할 소유지를 주어 내가 나의 죽은 자를 내 앞에서 내어다가 장사하게 하시오 ⁵ 헷 족속이 아브라함에게 대답하여 이르되 ⁶ 내 주여 들으소서 당신은 우리 가운데 있는 하나님이 세우신 지도자이시니 우리 묘실 중에서 좋은 것을 택하여 당신의 죽은 자를 장사하소서 우리 중에서 자기 묘실에 당신의 죽은 자 장사함을 금할 자가 없으리이다 ⁷ 아브라함이 일어나 그 땅 주민 헷 족속을 향하여 몸을 굽히고 ⁸ 그들에게 말하여 이르되 나로 나의 죽은 자를 내 앞에서 내어다가 장사하게 하는 일이 당신들의 뜻일진대 내 말을 듣고 나를 위하여 소할의 아들 에브론에게 구하여 ⁹ 그가 그의 밭머리에 있는 그의 막벨라 굴을 내게 주도록 하되 충분한 대가를 받고 그 굴을 내게 주어 당신들 중에서 매장할 소유지가 되게 하기를 원하노라 하매 ¹⁰ 에브론이 헷 족속 중에 앉아 있더니 그가 헷 족속 곧 성문에 들어온 모든 자가 듣는 데서 아브라함에게 대답하여 이르되 ¹¹ 내 주여 그리 마시고 내 말을 들으소서 내가 그 밭을 당신에게 드리고 그 속의 굴도 내가 당신에게 드리되 내가 내 동족 앞에서 당신에게 드리오니 당신의 죽은 자를 장사하소서

필자가 목회하는 곳 옆에 영화관이 있습니다. 이 영화관에서 교회 광고판을 사용하고 있어서 고마운 마음에 영화관 VIP 티켓을 선물해 주었습니다. 이 티켓은 무료로 영화를 볼 수 있는 특별한 선물이었습니다. 물론 교직원들과 함께 한번 사용하고 그 이후에는 써보지 않았습니다. 집 주변 목욕탕에 갔는데 사장님이 10% 저렴하게 돈을 받는 것입니다. 왜 싸게 받습니까? 여쭈니 "목사님이시잖아요?"라고 대답했습니다. 이 목욕탕은 목사님만 10% 깎아 준다는 것입니다. "나는 이런 특권 필요 없습니다."라고 말을 해야 하는데 저는 그것을 기쁘게 받았습니다. 설교 시간에 특권의식을 버리자고 말은 하지만 이미 특권 의식에 많이 길들여 있는 저를 보게 됩니다. 특권의식은 주변 사람들을 힘들게 합니다. 자신은 편리할 수 있지만 다른 이에게는 피해를 주는 경우가 많습니다. 그래서 사람들은 이구동성으로 특권 의식을 가진 사람들을 비난합니다. 그렇지만 그렇게 말하는 이들 가운데서도 그 특권 의식을 갖고자 애쓰는 이들이 적지 않습니다.

그러나 모든 사람이 다 그런 것은 아닙니다. 자신에게 오는 특권 의식을 버린 사람도 있습니다. 아브라함은 127세에 세상을 떠난 아내 사라의 매장지를 준비해야 했습니다. 아브라함은 가나안 땅에 들어와 62년을 살았지만, 땅을 소유할 수 없는 '나그네'요 '우거하는 자'였기 때문에 한 치의 땅도 소유하지 못했습니다. 그런데 매장지를 구입 할 기회가

왔습니다. 고대 사회에는 큰 자산이 되는 매장지를 소유한다는 것은 매우 중요한 일입니다. 고대사회 복지 중에는 매장지를 구입해 주는 사업도 있었습니다. 매장지가 하나 없는 아브라함을 위하여 가나안 헷 족속의 사람들이 그들의 묘실을 내주겠다고 합니다. "내주여 그리 마시고 내말을 들으소서 내가 그 밭을 당신에게 드리고 그 속의 굴도 내가 당신에게 드리되 내가 내 동족 앞에서 당신에게 드리오니 당신의 죽은 자를 장사하소서"(창23:11) 값없이 소유지를 주겠다는 것입니다.

그런데 아브라함은 그것을 거절하고 그 땅의 값을 정확히 주고 구입합니다. 성경에서는 그것을 '준가'(창 23:9)라고 하였는데, 히브리어로는 '케세프 말레', 곧 파는 자가 부르는 '가득 찬 값'을 의미합니다. 아브라함이 지불한 은 400 세겔은 상당히 큰 액수였습니다. 아브라함은 얼마든지 무상으로 받을 수 있는 상황이었습니다. 그러나 그는 값을 계산하여 지불합니다. 아브라함의 모습에서 디아코니아를 실천하는 사람의 모습이 보입니다. 그것은 특권의식을 내려놓은 모습입니다. 존경받는 위치에 있다 하여 무작정 호의로 받는 것을 즐겨하지 않았습니다. 자신을 주장하지 않고 겸손함으로 가득 채워진 아브라함의 모습은 이 시대를 살아가는 필자에게나 우리 모두에게 꼭 필요한 모습입니다.

♠ 관찰

아브라함이 포기한 특권은 무엇입니까?

♠ 적용과 질문

오늘 내가 내려놓아야 하는 특권의식은 무엇이 있는지 묵상해 봅시다.

♠ 실천

오늘 내가 실천할 수 있는 디아코니아 활동은 무엇입니까?

18 | 리브가의 디아코니아 (창세기 24:15-27)

¹⁵ 말을 마치기도 전에 리브가가 물동이를 어깨에 메고 나오니 그는 아브라함의 동생 나홀의 아내 밀가의 아들 브두엘의 소생이라 ¹⁶ 그 소녀는 보기에 심히 아리땁고 지금까지 남자가 가까이 하지 아니한 처녀더라 그가 우물로 내려가서 물을 그 물동이에 채워가지고 올라오는지라 ¹⁷ 종이 마주 달려가서 이르되 청하건대 네 물동이의 물을 내게 조금 마시게 하라 ¹⁸ 그가 이르되 내 주여 마시소서 하며 급히 그 물동이를 손에 내려 마시게 하고 ¹⁹ 마시게 하기를 다하고 이르되 당신의 낙타를 위하여서도 물을 길어 그것들도 배불리 마시게 하리이다 하고 ²⁰ 급히 물동이의 물을 구유에 붓고 다시 길으려고 우물로 달려가서 모든 낙타를 위하여 긷는지라 ²¹ 그 사람이 그를 묵묵히 주목하며 여호와께서 과연 평탄한 길을 주신 여부를 알고자 하더니 ²² 낙타가 마시기를 다하매 그가 반 세겔 무게의 금 코걸이 한 개와 열 세겔 무게의 금 손목고리 한 쌍을 그에게 주며 ²³ 이르되 네가 누구의 딸이냐 청하건대 내게 말하라 네 아버지의 집에 우리가 유숙할 곳이 있느냐 ²⁴ 그 여자가 그에게 이르되 나는 밀가가 나홀에게서 낳은 아들 브두엘의 딸이니이다 ²⁵ 또 이르되 우리에게 짚과 사료가 족하며 유숙할 곳도 있나이다 ²⁶ 이에 그 사람이 머리를 숙여 여호와께 경배하고 ²⁷ 이르되 나의 주인 아브라함의 하나님 여호와를 찬송하나이다 나의 주인에게 주의 사랑과 성실을 그치지 아니하셨사오며 여호와께서 길에서 나를 인도하사 내 주인의 동생 집에 이르게 하셨나이다 하니라

2020년, 25세 이상 39세 이하 미혼남녀 1,000명을 대상으로 가장 원하는 배우자상을 조사한 글을 읽어 보았습니다. 남성이 선호하는 배우자는 전문직 자산 5천만~1억 원, 신장 160~165cm, 1~4세 연하의 대졸 여성이었습니다. 여성이 선호하는 배우자는 전문직 자산 2억 원 이상, 신장 175~180cm, 1~4세 연상의 대졸 남성이었습니다. 여기에 '포기할 수 없는 3가지 조건으로 남성은 '성격 및 가치관(71.6%)', '외모(13.8%)', '직업(3.6%)'을, 여성은 '성격 및 가치관(68.2%)', '소득(7.6%)', '외모(6.6%)' 순으로 꼽았습니다. 기타 응답으로는 종교, 건강, 대화 및 유머 코드, 생활 습관, 가정환경 등을 들었습니다. 한 마디로 필자는 ABCDEF 모두를 본다고 생각합니다. Age(나이), Beauty(미모), Character(성격), Degree(학위), Economy(경제력), Family(가족)입니다. 결혼할 때면 사람들이 이런 조건을 찾습니다.

그런데 성서에는 새로운 조건을 보여줍니다. 이삭의 배우자를 찾아오라는 부탁을 받은 아브라함의 종은 나홀의 성, 우물에 이르렀습니다. 그 종은 하나님께 "물 길러 오는 소녀에게 물을 달라고 요청할 때 기꺼이 그에게 물을 주며, 함께 가져온 열 마리의 낙타에게도 물을 주는 여자가 하나님께서 정하신 자라고 알겠습니다."라고 기도합니다. 이 말은 그 어떤 조건보다도 섬김을 실천하는 따스한 여인을 찾고자 하는 것임을 알 수 있습니다. 그 기도를 채 마치기도 전에 리브가가 물동이를 어깨에 메고 우물에 내려왔고 아브라함의 종이 리브가에게 물을 달라고 하였습니다. 리브가는 그 종이 기도한 대로 서둘러 물을 주었고 낙타들에게도 물을 주었습니다. 리브가는 선하고 착한 성품을 가졌습니다. 종이 물을 좀 달라고 하자 충분히 마실 수 있도록 물동이를 손에 받쳐 들고 물을 마시게 했습니다. 그리고 낙타에게 물을 달라고 말하지 않았음에도 10마리의 낙타들이 충분히 마실 때까지 물을 구유에 붓고 또 부었습니다.

리브가는 자신의 힘듦보다 해갈을 원하는 아브라함의 종을 먼저 살폈습니다. 그녀의 행동은 평소 다른 사람의 어려움을 공감하고 사랑을 베풀 줄 아는 선한 마음이 있었음을 방증합니다. 낯선 사람에게 호의를 베푸는 것은 쉬운 일이 아닙니다. 그 당시 여자라는 신분에서는 더욱 불편한 일이었으나 섬김의 삶을 살아온 리브가는 서둘러 자기 물동이를 내려놓고 도움이 필요한 이를 섬기기 시작합니다. 성서는 "오직 선을 행함과 서로 나누어 주기를 잊지 말라 하나님은 이같은 제사를 기뻐하시느니라"(히13:16)고 말씀합니다. 작은 일에서부터 온 맘을 다하는 것이 우리 삶에 필요합니다. 배우자는 이상형을 찾는 것이 아니라 서로 도우며 섬기며 살아가는 사람을 찾아야 합니다. 크리스천의 가장 중요한 결혼 조건은 섬김의 마음입니다.

♠ 관찰

아브라함의 종이 이삭의 아내를 찾을 때 세웠던 기준은 무엇입니까?

♠ 적용과 질문

이웃의 도움을 먼저 생각하며 섬기며 살아갈 때 하나님께서 베풀어 주시는 은혜는 무엇입니까?

♠ 실천

오늘 내가 실천할 수 있는 디아코니아 활동은 무엇입니까?

19 | 이삭의 우물에 나타난 디아코니아
(창세기 26:12-25)

[12] 이삭이 그 땅에서 농사하여 그 해에 백 배나 얻었고 여호와께서 복을 주시므로 [13] 그 사람이 창대하고 왕성하여 마침내 거부가 되어 [14] 양과 소가 떼를 이루고 종이 심히 많으므로 블레셋 사람이 그를 시기하여 [15] 그 아버지 아브라함 때에 그 아버지의 종들이 판 모든 우물을 막고 흙으로 메웠더라 [16] 아비멜렉이 이삭에게 이르되 네가 우리보다 크게 강성한즉 우리를 떠나라 [17] 이삭이 그 곳을 떠나 그랄 골짜기에 장막을 치고 거기 거류하며 [18] 그 아버지 아브라함 때에 팠던 우물들을 다시 팠으니 이는 아브라함이 죽은 후에 블레셋 사람이 그 우물들을 메웠음이라 이삭이 그 우물들의 이름을 그의 아버지가 부르던 이름으로 불렀더라 [19] 이삭의 종들이 골짜기를 파서 샘 근원을 얻었더니 [20] 그랄 목자들이 이삭의 목자와 다투어 이르되 이 물은 우리의 것이라 하매 이삭이 그 다툼으로 말미암아 그 우물 이름을 에섹이라 하였으며 [21] 또 다른 우물을 팠더니 그들이 또 다투므로 그 이름을 싯나라 하였으며 [22] 이삭이 거기서 옮겨 다른 우물을 팠더니 그들이 다투지 아니하였으므로 그 이름을 르호봇이라 하여 이르되 이제는 여호와께서 우리를 위하여 넓게 하셨으니 이 땅에서 우리가 번성하리로다 하였더라 [23] 이삭이 거기서부터 브엘세바로 올라갔더니 [24] 그 밤에 여호와께서 그에게 나타나 이르시되 나는 네 아버지 아브라함의 하나님이니 두려워하지 말라 내 종 아브라함을 위하여 내가 너와 함께 있어 네게 복을 주어 네 자손이 번성하게 하리라 하신지라 [25] 이삭이 그 곳에 제단을 쌓고, 여호와의 이름을 부르며 거기 장막을 쳤더니 이삭의 종들이 거기서도 우물을 팠더라

오래전 독일에서 공부보다 목회를 우선으로 삼고 사역하고 있을 때의 일입니다. 프랑크푸르트 대학에서 박사학위를 받은 선배가 교회를 개척하였습니다. 그 당시 필자는 이미 중부지역에서 어느 정도 교회가 자리를 잡고 있었던 때였습니다. 필자는 선배에게 독일 교민이 별로 없는데 교회 개척을 왜 하냐고 말씀을 드렸습니다. 생각해 보면 필자가 상당히 정의로운 모습 같지만 실제로는 위장된 정의였습니다. 필자는 유학 생활 중 공부에 집중하지 못하고 목회만을 하고 있으니, 내면에 시기의 마음이 생겨났습니다. 그래서 나온 말이 박사학위를 받았으면 되었지 무슨 교회 개척을 하는가 하는 시기의 마음이 생긴 것입니다. 8년 후 필자 역시 미국에서 교회를 개척하였습니다. 미국에도 교회 수에 비하여 한인이 적은데도 말입니다. 시기하는 마음이 문제입니다.

이삭이 흉년을 만나 살길이 힘들어 애굽으로 피난 가려고 하자 하나님은 그에게 애굽으로 내려가지 말고 가나안 땅에서 흉년을 견뎌내라고 명령하십니다. 이삭이 하나님 말씀에 순종하기 위해 머문 곳이 그랄입니다. 그런데 놀랍게도 농사를 제대로 지을 수 없는 상황이었음에도 불구하고 이삭은 그랄 땅에서 '백배'의 수확을 거둡니다. 이곳에서 여러 해 동안 농사를 지었던 사람들은 경험하지 못한 일이었습니다. 이것을 지켜보는 블레셋 사람들이 시기합니다. 그래서 블레셋 사람들이 이삭의 우물을 죄다 메워버렸습니다. 농경사회에서 '우물'이란 한 공동체의 생명줄과 같은 것입니다.

    그런데 이삭은 화를 내기보다 지역을 옮겨 또다시 우물을 파기 시작합니다. 그러자 또 불한당들이 몰려와 우물을 빼앗았습니다. 이삭은 이들에게 맞대어 대적하기보다는 계속 자리를 옮겨가며 우물을 팠습니다. 결국 나중에는 그들이 이삭을 인정하게 되고 찾아와 화해를 요청하게 됩니다. 이런 정신이 어디서 왔을까요? 그것은 이삭이 여호와의 말씀을 전적으로 신뢰하고 그 말씀에 순종하며 살았기 때문입니다. 모리아 산에서 아버지가 자신의 손발을 묶고 목에 칼을 들이대는 충격적인 경험 속에서도 이삭은 순종함으로 "여호와 이레" 하나님의 준비하심을 경험했습니다. 또한 어딜 가든 늘 동행하시는 하나님, 말씀에 순종하여 그랄에 거할 때에 풍성한 은혜를 내려주시는 하나님을 만났기 때문에 그는 더 이상 우물에 집착하지 않아도 되었습니다. 이것이 이삭을 기다리게 하고 싸우지 않게 하는 디아코니아의 성품으로 자라게 한 것입니다. 정작 두려워해야 할 것은 우물이 아니라 하나님임을 알았기 때문입니다. 우리도 이삭처럼 함께 하시는 하나님을 경험하여 오직 하나님만 의지하며 살아갈 수 있기를 바랍니다.

♠ 관찰

이삭이 우물을 계속해서 파야 했던 이유는 무엇입니까?

♠ 적용과 질문

자신을 시기하는 자들과 힘들게 하는 자들을 어떻게 하면 이길 수 있나요?

♠ 실천

오늘 내가 실천할 수 있는 디아코니아 활동은 무엇입니까?

20 | 의복을 통한 디아코니아 (창세기 37:1-4)

¹ 야곱이 가나안 땅 곧 그의 아버지가 거류하던 땅에 거주하였으니
² 야곱의 족보는 이러하니라 요셉이 십칠 세의 소년으로서 그의 형들과 함께 양을 칠 때에 그의 아버지의 아내들 빌하와 실바의 아들들과 더불어 함께 있었더니 그가 그들의 잘못을 아버지에게 말하더라
³ 요셉은 노년에 얻은 아들이므로 이스라엘이 여러 아들들보다 그를 더 사랑하므로 그를 위하여 채색옷을 지었더니
⁴ 그의 형들이 아버지가 형들보다 그를 더 사랑함을 보고 그를 미워하여 그에게 편안하게 말할 수 없었더라

의식주는 인간이 생존해 가는 데 필수적인 기본 요소입니다. 이 중에 옷(衣)은 식(食), 주(住)와 달리 동물에게는 필요 없고 인간에게만 필요한 것입니다. 가죽이나 직물로 만들어진 옷은 세월이 흐르면서 분해되어 인류가 언제부터 옷을 입기 시작했는지 추정하기는 어렵습니다. 이를 위해 옷의 주름 사이에 서식하는 옷엣니의 유전 혈통을 연구하였습니다. 직물에 서식하는 이는 인간의 두피에 있는 이(머릿니)에서 나왔기 때문에 이 둘의 유전적 간격을 알면 옷의 기원을 추적할 수 있습니다. 그 결과 최소 8만 3천 년, 최대 17만 년 전부터 옷을 입기 시작했을 것으로 추정합니다. 다른 방법으로는 의류용 동물 가죽을 벗기는 도구로 사용한 동물 뼈를 추적하는 것인데 모로코의 대서양 연안에서 약 12만 년 전 옷을 만드는 데 쓴 것으로 추정되는 뼈 도구가 발견되었습니다.

 인류가 처음으로 몸에 무엇을 걸친 것은 구석기 시대로 보고 있습니다. 이 시기에 지중해 연안에서 유럽으로 이동하면서 추위를 견디기 위해 동물 가죽옷을 입기 시작했고 그것이 첫 의류인 것으로 보고 있습니다. 2만 5천 년 전으로 추정하는 레스퓌그의 비너스 상을 보면 옷이 엉덩이 밑에 걸쳐져 있는데 이는 몸을 보호하기보다는 장식이 목적이었던 것으로 추측됩니다. 사회가 점점 복잡해지면서 인간이 옷을 착용하는 동기는 더욱 다양해졌습니다. 뚜렷한 계급의식이 존재했던 전통 사회에서는 신분을 드러내는 가장 확실한 수단이 옷이었습니다. 성서에서 야곱은 요셉에게 '채색옷'을 입힙니다. NIV성경에는 'Richly ornamented robe'(화려하게 장식된 옷)라고 기록되어 있습니다. 이렇게 화려한 채색옷을 입은 사람은 다른 사람들과 구별되는 특징이 있습니다. 특별한 사람으로 구별된 요셉은 바로 이런 채색옷을 입었습니다.

결국 신분의 차이를 시기했던 형제들은 요셉을 죽이고자 합니다. 사실 야곱은 시기하라고 요셉에게 채색옷을 입힌 것은 아닙니다. 요셉이 집안을 이끌만한 자격이 있다고 판단하여 구별한 것입니다. 그러나 옷을 신분의 차이로만 해석한 형제들은 야곱의 마음을 이해할 수가 없었습니다. 성서에는 옷을 통해 다른 의미를 보여줍니다. 옷은 가난한 자들에게 가장 소중한 재산입니다. 의복을 빼앗기는 것은 최악의 상태에 빠진 것을 의미합니다. 빚을 져서 옷을 빼앗아도 저녁이 되면 돌려줘야 합니다. (출22:26) 옷을 가져다가 벗은 자들을 입히라 합니다. (대하28:15) 과부의 옷은 담보로 잡지 말라 합니다. (신24:17) 예수님은 "네 겉옷을 빼앗는 사람에게 속옷까지 주어라."(눅6:29)고 말씀하셨습니다. 옷과 관계된 성서의 가르침은 신분을 구별 짓는 것이 아니라 철저히 디아코니아, 즉 섬김의 정신을 실천하라고 말씀합니다. 여러분은 옷이 날개라고만 바라봅니까? 아니면 옷을 보면서 섬김을 떠오르십니까?

♠ 관찰

인간에게 옷은 어떤 의미가 있습니까?

♠ 적용과 질문

하나님께서 나에게 주신 옷은 무엇이 있습니까?

♠ 실천

오늘 내가 실천할 수 있는 디아코니아 활동은 무엇입니까?

21 | '학폭'속에서 디아코니아 (창세기 37:12-24)

¹² 그의 형들이 세겜에 가서 아버지의 양 떼를 칠 때에 ¹³ 이스라엘이 요셉에게 이르되 네 형들이 세겜에서 양을 치지 아니하느냐 너를 그들에게로 보내리라 요셉이 아버지에게 대답하되 내가 그리하겠나이다 ¹⁴ 이스라엘이 그에게 이르되 가서 네 형들과 양 떼가 다 잘 있는지를 보고 돌아와 내게 말하라 하고 그를 헤브론 골짜기에서 보내니 그가 세겜으로 가니라 ¹⁵ 어떤 사람이 그를 만난즉 그가 들에서 방황하는지라 그 사람이 그에게 물어 이르되 네가 무엇을 찾느냐 ¹⁶ 그가 이르되 내가 내 형들을 찾으오니 청하건대 그들이 양치는 곳을 내게 가르쳐 주소서 ¹⁷ 그 사람이 이르되 그들이 여기서 떠났느니라 내가 그들의 말을 들으니 도단으로 가자 하더라 하니라 요셉이 그의 형들의 뒤를 따라 가서 도단에서 그들을 만나니라 ¹⁸ 요셉이 그들에게 가까이 오기 전에 그들이 요셉을 멀리서 보고 죽이기를 꾀하여 ¹⁹ 서로 이르되 꿈 꾸는 자가 오는도다 ²⁰ 자, 그를 죽여 한 구덩이에 던지고 우리가 말하기를 악한 짐승이 그를 잡아먹었다 하자 그의 꿈이 어떻게 되는지를 우리가 볼 것이니라 하는지라 ²¹ 르우벤이 듣고 요셉을 그들의 손에서 구원하려 하여 이르되 우리가 그의 생명은 해치지 말자 ²² 르우벤이 또 그들에게 이르되 피를 흘리지 말라 그를 광야 그 구덩이에 던지고 손을 그에게 대지 말라 하니 이는 그가 요셉을 그들의 손에서 구출하여 그의 아버지에게로 돌려보내려 함이었더라 ²³ 요셉이 형들에게 이르매 그의 형들이 요셉의 옷 곧 그가 입은 채색옷을 벗기고 ²⁴ 그를 잡아 구덩이에 던지니 그 구덩이는 빈 것이라 그 속에 물이 없었더라

2023년 초, 국가수사본부장에서 낙마한 변호사의 아들이 친구에게 지속적인 외모와 출신 지역을 비하하는 모욕적인 말과 욕설을 행사한 것이 드러난 적이 있습니다. 그로인해 부정적인 여론이 조성되고 학교 폭력에 대해 좀 더 관심을 두게 되었습니다. 학교 폭력은 학교 내외에서 다른 학생을 대상으로 몸과 마음에 상처를 주는 모든 말과 행동을 말합니다. 학생 한 명 또는 한 무리가 다른 학생이나 다수의 학생을 괴롭힐 수 있습니다. 그런데 많은 학생이 학교에서 일어나는 급우에 대한 폭력을 부정적으로만 생각하지 않습니다. 오히려 즐거워할 수도 있으며, 어느 정도의 재미를 가져다준다고 생각하여 이를 막아야 할 필요성을 느끼지 못하고 있다는 일부 연구 결과가 있습니다. 최근 학교폭력은 더 흉포해지고 지능화되고 있으며 폭력에 대한 죄의식이 사라지고 있습니다.

디아코니아는 사회적 약자와 함께하는 것인데, 요즘 사회적 약자의 범위가 예전과는 많이 달라지고 있습니다. 학폭을 당하는 이들 역시 사회적 약자입니다. 학교 폭력을 당한 피해자 학생은 평생 트라우마를 안고 살아갑니다. 우울증이나 불안장애가 오는 사람도 있으며, 극단적인 선택을 하는 경우도 있습니다. 사실 학폭은 요즘 생긴 일이 아니라 이미 오래전부터 있었던 일입니다. 성경에도 가까운 사람들에게 집단 폭력을 당한 사람이 나옵니다. 요셉입니다. 형제들과 상사로부터 잔인하고 부당한 처우를 당합니다. 형들에 의해 17살 나이에 우물에 던져졌고 지나가던 미디안 상인들에게 은 이십 냥에 팔려 갔습니다. 이집트로 간 요셉은 파라오의 신하인 경호대장 보디발에게 다시 팔립니다. 인신매매를 당한 것입니다. 여기서 그는 보디발의 아내로부터 성적 수치를 경험하게 됩니다. 이후 감옥에서 만난 이들 역시 요셉을 도와주지 않습니다.

이런 학폭을 당할 때 요셉은 어떻게 합니까? 정신적 불안과 고통이 찾아올 수 있고 사회적 관계의 문제가 발생할 수 있는 환경이지만 놀랍게도 요셉은 하나님께서 나와 함께 계신다고 믿었기에 그들을 원망하지 않습니다. 오히려 요셉은 가장 낮은 자리에서 출발하였지만, 그것과 상관없이 정상에 오르게 됩니다. 상황이 아무리 절망적이라 할지라도 하나님께서 나와 함께 하심을 믿고 나아가는 요셉이었습니다. 이것이 바로 신앙의 힘입니다. 힘겨운 하루를 살아가는 이들에게 예수 그리스도를 붙들게 해야 할 이유가 바로 이것입니다. 평생 고통을 안고 살아가야 하는 아이들에게 디아코니아의 정신을 담아 위로해야 합니다. 귀담아들어 주고 마음으로 함께 공감해야 합니다. 이를 통해 그리스도 안에서 관계가 회복되고 삶의 의미와 희망을 찾아갈 수 있도록 우리 모두가 함께 노력해야 합니다.

♠ 관찰
요셉은 절망적인 상황 속에서 어떻게 했습니까?

♠ 적용과 질문
학교 폭력으로 힘들어하는 자들과 사회적 약자를 돕는 것은 지극히 당연한 일입니다. 이런 자들을 어떻게 도우라고 말하고 있습니까?

♠ 실천
오늘 내가 실천할 수 있는 디아코니아 활동은 무엇입니까?

22 | 이주여성 다말의 디아코니아 (창세기 38:15-26)

¹⁵ 그가 얼굴을 가리었으므로 유다가 그를 보고 창녀로 여겨 ¹⁶ 길 곁으로 그에게 나아가 이르되 청하건대 나로 네게 들어가게 하라 하니 그의 며느리인 줄을 알지 못하였음이라 그가 이르되 당신이 무엇을 주고 내게 들어오려느냐 ¹⁷ 유다가 이르되 내가 내 떼에서 염소 새끼를 주리라 그가 이르되 당신이 그것을 줄 때까지 담보물을 주겠느냐 ¹⁸ 유다가 이르되 무슨 담보물을 네게 주랴 그가 이르되 당신의 도장과 그 끈과 당신의 손에 있는 지팡이로 하라 유다가 그것들을 그에게 주고 그에게로 들어갔더니 그가 유다로 말미암아 임신하였더라 ¹⁹ 그가 일어나 떠나가서 그 너울을 벗고 과부의 의복을 도로 입으니라 ²⁰ 유다가 그 친구 아둘람 사람의 손에 부탁하여 염소 새끼를 보내고 그 여인의 손에서 담보물을 찾으려 하였으나 그가 그 여인을 찾지 못한지라 ²¹ 그가 그 곳 사람에게 물어 이르되 길 곁 에나임에 있던 창녀가 어디 있느냐 그들이 이르되 여기는 창녀가 없느니라 ²² 그가 유다에게로 돌아와 이르되 내가 그를 찾지 못하였고 그 곳 사람도 이르기를 거기에는 창녀가 없다 하더이다 하더라 ²³ 유다가 이르되 그로 그것을 가지게 두라 우리가 부끄러움을 당할까 하노라 내가 이 염소 새끼를 보냈으나 그대가 그를 찾지 못하였느니라 ²⁴ 석 달쯤 후에 어떤 사람이 유다에게 일러 말하되 네 며느리 다말이 행음하였고 그 행음함으로 말미암아 임신하였느니라 유다가 이르되 그를 끌어내어 불사르라 ²⁵ 여인이 끌려나갈 때에 사람을 보내어 시아버지에게 이르되 이 물건 임자로 말미암아 임신하였나이다 청하건대 보소서 이 도장과 그 끈과 지팡이가 누구의 것이니이까 한지라 ²⁶ 유다가 그것들을 알아보고 이르되 그는 나보다 옳도다 내가 그를 내 아들 셀라에게 주지 아니하였음이로다 하고 다시는 그를 가까이 하지 아니하였더라

성서 속에는 사회적으로 약자의 위치에 있던 외국인 이주여성의 이야기가 등장합니다. 이들은 불리한 이주여성의 신분이었고, 결혼하였지만 여러 가지 고난을 경험하는데 하나님은 이들을 보호하시고 위로하시며 인권을 보호하고 있음을 성서에서 찾을 수 있습니다. 그중 대표적인 이야기가 다말입니다. 다말은 야곱의 넷째 아들 유다의 큰며느리로 등장합니다. 유다는 팔레스타인의 중앙 고원 지대에 있는 '아둘람'으로 이주하여 정착한 후 가나안 사람 '수아'의 딸과 결혼하여 엘과 오난과 셀라 등의 세 아들을 낳았습니다. 다말은 유다의 큰 아들 엘과 결혼하여 첫째 며느리가 되지만 남편 엘이 하나님 앞에서 악(惡)을 행하여 하나님의 심판을 받아 자녀를 얻지 못한 채로 죽자 엘의 동생이자 유다의 둘째아들인 오난과 결혼하게 됩니다.

고대 근동지역 유목민의 풍습에는 형이 대(代)를 이을 아들을 낳지 못하고서 죽을 경우 동생에게 그 역할을 대신하게 하는 수혼 풍습(levirate marriage)이 있었습니다. 신명기 25장에 의하면, 이 제도의 목적은 자식 없이 불쌍히 죽은 형제의 가문을 일으켜 세우고 그의 가족과 이름을 기억하게 하며 보존케 하려는 것입니다. 이스라엘 백성에게는 하나님의 거룩한 명령이며 대대로 지켜야 할 신성한 법이기도 하였습니다. 수혼 풍습에 의해 과부가 된 다말은 끊어진 유다의 혈맥을 잇게 하여 인류 구원을 위한 하나님의 목적과 뜻을 이루게 한 헌신적이고 지혜로운 여인이었습니다. 성서는 비천

하고 연약한 사회적인 지위에서도 생명의 위협을 무릅쓴 채로 가문의 대를 이으려고 노력한 이주여성 다말의 용기와 지혜를 칭찬하고 축복합니다.

오늘날 한국 사회에는 자신의 권리를 찾기 위해 위험을 무릅쓰며 용기를 내어 가정 또는 자녀를 지키려는 결혼이주여성들이 많습니다. 폭력 피해로 내쫓김을 당한 이주여성들이 되찾기 위해 노력하는 권리는 주로 자녀에 대한 친권 또는 양육권, 체류를 보장받기 위한 체류권, 자녀와 함께 거주할 집에 대한 주거권 등입니다. 이는 자녀를 양육하는 엄마로서 가정을 지키고 행복한 삶을 살기 위한 당연한 권리이며 차별적인 사회제도나 편견이 아니면 빼앗기지도 않았을 권리입니다. 하지만 한국 사회는 문화와 언어, 경제적인 어려움 속에서도 자녀를 양육하기 위하여 노력하는 이주여성들의 용기를 칭찬 하기는커녕 "외국인에게 아이를 키우게 하면 아이를 데리고 도망갈지 모른다." 등의 인권침해적인 편견과 불공평한 판결로 이주여성의 모성적인 권리를 차별하고 빼앗으려 하는 경우가 많습니다. 성서의 다말에 대한 기록처럼 이들을 격려하고 인정하는 진실한 사회적인 용기가 필요한 때입니다. 더불어 사회적 약자들과 소외된 이웃들에게 손을 내밀고 사회의 부조리와 제도에 관심을 가지고 모두가 존중받으며 함께 살아갈 수 있도록 해야 할 것입니다.

♠ 관찰

이주여성 다말의 섬김은 어떤 것입니까?

♠ 적용과 질문

우리 사회의 이주여성들은 소외된 약자들입니다. 내가 이들을 도울 수 있는 방법은 무엇입니까?

♠ 실천

오늘 내가 실천할 수 있는 디아코니아 활동은 무엇입니까?

23 | 요셉의 상처를 위한 디아코니아 (창세기 39:1-6)

¹ 요셉이 이끌려 애굽에 내려가매 바로의 신하 친위대장 애굽 사람 보디발이 그를 그리로 데려간 이스마엘 사람의 손에서 요셉을 사니라
² 여호와께서 요셉과 함께 하시므로 그가 형통한 자가 되어 그의 주인 애굽 사람의 집에 있으니
³ 그의 주인이 여호와께서 그와 함께 하심을 보며 또 여호와께서 그의 범사에 형통하게 하심을 보았더라
⁴ 요셉이 그의 주인에게 은혜를 입어 섬기매 그가 요셉을 가정 총무로 삼고 자기의 소유를 다 그의 손에 위탁하니
⁵ 그가 요셉에게 자기의 집과 그의 모든 소유물을 주관하게 한 때부터 여호와께서 요셉을 위하여 그 애굽 사람의 집에 복을 내리시므로 여호와의 복이 그의 집과 밭에 있는 모든 소유에 미친지라
⁶ 주인이 그의 소유를 다 요셉의 손에 위탁하고 자기가 먹는 음식 외에는 간섭하지 아니하였더라 요셉은 용모가 빼어나고 아름다웠더라

매스컴에서 기독교복음선교회(JMS)의 설립자 정명석 씨에 관한 내용이 자주 나왔습니다. 자신을 메시아라 칭하고 성경을 비유 풀이로 왜곡하며 잘못된 구원론을 가르치고 있기에 주요 교단들은 기독교복음선교회(JMS)를 반기독교적 이단으로 규정했습니다. 이번에 떠들썩하게 한 이슈는 교주의 지속적인 성추행과 성폭행에 관한 것이었습니다. 성적 학대는 가해자가 해당 인물이 원치 않는 성적 행동을 강요하는 행위를 일컫는데, 청소년기에 경험하는 성적학대는 신체적, 정서적으로 엄청난 상처를 주게 되며 성인이 된 후에도 우울증을 앓는 이들이 많다고 합니다.

성서 속 요셉도 마찬가지입니다. 바로의 친위대장 보디발의 집에 팔려 온 후 17살의 나이에 여주인의 성희롱과 학대를 날마다 받았습니다. 이 일로 요셉은 교도소까지 가게 됩니다. 여주인은 자신의 지위로 약자를 억압하고 지속적인 학대를 가합니다. 위안부 문제 역시 마찬가지입니다. 금전 보상의 문제가 아니라, 성적 학대를 경험한 한국 여인들의 한에 관한 것임을 기억해야 합니다. 성폭력은 육체뿐 아니라 영혼에 깊은 생채기를 남기고, 그 생채기는 절대 돈으로 치유되지 않습니다. 사랑하고 믿었던 목회자에게서 받은 성적 학대와 자신의 의지와 관계없이 전쟁에 끌려간 위안부들이 당했던 성적 학대가 남긴 가슴의 상처는 영원히 치유될 수 없을지 모릅니다.

미국의 유명 정신과 의사가 만든 '사죄 십계명'에 보면 '가해자를 겸손하게 만들고, 가해자로 하여금 피해자 중심으로 생각하고 피해자의 상처를 보상할 의무가 있는 사람으로 만듦으로써, 피해자의 고통을 가해자에게 지워야 한다.'고 말하고 있습니다. 성서에서도 비슷한 사죄의 원리를 찾을 수 있습니다. 요셉을 팔아넘긴 형들이 후에 요셉에게 사죄할 때, 그들은 자신을 과격하게 낮추었습니다. (창 50:18). 그들의 사죄에는 자기를 정당화하려는 노력이 전혀 없었습니다. 돌아온 탕자의 비유 속 아들 역시 아버지에게 회개할 때 자신을 철저히 낮췄습니다.

진정한 사죄는 피해자가 받은 상처의 치유를 목적으로 합니다. 이를 위해 사죄하는 사람은 스스로를 지키기보다 철저히 낮아져야 하고, 피해자 입장에서 자신의 행위를 평가하고, 피해자의 상처가 회복될 수 있도록 구체적으로 행동해야 합니다. 피해자가 이제는 충분하다고 말할 때까지 "제가 잘못했습니다."를 반복할 수 있어야 합니다. 어떤 상처는 쉽게 아물지만, 어떤 상처는 쉽게 아물지 않습니다. 가해자들의 사죄는 그 상처의 치유가 온전히 치유될 때까지 지속되는 것이 정의입니다. 이것이 진정한 예수님이 보여주신 디아코니아입니다. 상한 몸의 회복뿐 아니라 죄로 병든 우리의 마음까지 어루만지시는 예수님의 섬김입니다.

♠ 관찰

요셉이 겪었던 고통과 상처들은 어떤 것이 있었습니까?

♠ 적용과 질문

상처받고, 고통 받은 교인들을 위해 내가 할 수 있는 것은 무엇이 있을까요?

♠ 실천

오늘 내가 실천할 수 있는 디아코니아 활동은 무엇입니까?

24 | 요셉의 성실에 담긴 디아코니아
(창세기 39:19-23)

¹⁹ 그의 주인이 자기 아내가 자기에게 이르기를 당신의 종이 내게 이같이 행하였다 하는 말을 듣고 심히 노한지라
²⁰ 이에 요셉의 주인이 그를 잡아 옥에 가두니 그 옥은 왕의 죄수를 가두는 곳이었더라 요셉이 옥에 갇혔으나
²¹ 여호와께서 요셉과 함께 하시고 그에게 인자를 더하사 간수장에게 은혜를 받게 하시매
²² 간수장이 옥중 죄수를 다 요셉의 손에 맡기므로 그 제반 사무를 요셉이 처리하고
²³ 간수장은 그의 손에 맡긴 것을 무엇이든지 살펴보지 아니하였으니 이는 여호와께서 요셉과 함께 하심이라 여호와께서 그를 범사에 형통하게 하셨더라

2004년 발매된 "우체부 프레드"라는 책은 실존하는 우편배달부의 이야기를 담고 있습니다. 프레드는 보통의 우체부와는 다른 사람입니다. 우편물을 쌓아만 놓고 가는 다른 우체부들과 달리 집주인의 스케줄에 맞춰 우체물을 받기 편하도록 정리해 줍니다. 장시간 집을 비우는 날에는 도둑이 들지 않도록 우편물을 대신 보관해 주기도 하고 잘못 배달된 우편물은 택배회사의 실수라도 고객의 만족을 위해 자신이 모두 처리해 줍니다. 지극히 평범한 일을 하지만 우편물을 받는 이들에게는 특별한 일로 기억되도록 자기 일을 성실하고 지혜롭게 해냅니다. 필자는 이 글을 읽으면서 요셉이 우체부 프레드 같은 스타일의 사람이었다는 생각을 하게 되었습니다.

  요셉은 바로왕의 경호대장 보디발의 집에 팔려 가 노예의 신분으로 살게 됩니다. 하루아침에 바뀐 자신의 신분을 탓하고 분노하며 살아갈 수 있지만 요셉은 그렇게 하지 않았습니다. 노예이지만 자신에게 주어진 일에 정성을 다했고 맡겨진 일을 성실하게 해냈습니다. 여주인의 유혹을 뿌리치고 미움을 사서 감옥에 갇혔지만, 그 상황에서조차 그에게 주어진 일들에 성실히 임했습니다. 결국 죄수들을 총관리하는 자리에까지 오르게 됩니다. 변함없는 성실성이 그의 삶의 자세였습니다. 성서에는 성공이란 말이 없습니다. 대신 뭔가를 이루려고 하는 사람에게 일관되게 기대하는 게 있는데, 최선을 다한 삶 즉 '성실'을 말합니다. 요셉이 그렇습니다. 요셉은 성실한 사람이었습니다. 그의 성실함이 가문과 나라를 살립니다.

성실은 '정성을 들여 열매를 맺는다.'라는 뜻을 가지고 있습니다. 열매는 하루아침에 만들 수 있는 것이 아닙니다. 나무가 사계절을 지내며 하루하루 열심히 햇빛과 비를 맞고 해충을 견디며 키워낸 것이 열매입니다. 어느 하루라도 허투루 보내지 않고 최선을 다해 성실하게 살아갈 때 얻게 되는 것이 열매입니다. 요셉은 총리대신이 된 이후 온 나라를 순찰합니다. 그는 가정 살림을 관리하는 일이나, 죄수를 관리하는 일이나, 나라를 관리하는 일이나 변함없이 최선을 다합니다. 흉년으로 곤궁에 처한 나라가 요셉으로 말미암아 살아납니다. 자기를 죽이고자 했던 형제들까지도 살립니다. 한 사람의 성실과 희생으로 가정이 살고 나라가 삽니다. 요셉은 한 마디로 살리는 사람입니다. 이것이 디아코니아 정신입니다. 생각해 보면 주님도 마찬가지입니다. 주님이 십자가의 고통을 성실하게 감당할 때 죽어가는 이들이 살아나고 무너진 하나님의 나라가 회복되었습니다. 사망 권세를 이기시고 부활하신 주님께서 우리의 온전한 회복을 이루어 주셨습니다. 모든 찔림과 상함을 성실히 감당하시고 우리에게 나음과 회복의 삶을 주셨습니다. 우리는 예수님과 요셉처럼 살리는 자가 되어야 합니다.

♠ 관찰

요셉은 바뀐 신분을 탓하거나 분노에 사로잡히지 않고 자신에게 주어진 일에 정성과 성실로 살았습니다. 그 결과는 무엇입니까?

♠ 적용과 질문

요셉은 가는 곳마다 사람을 살렸습니다. 내가 사람을 살리기 위하여 내가 할 일은 무엇입니까?

♠ 실천

오늘 내가 실천할 수 있는 디아코니아 활동은 무엇입니까?

25 | 홍익인간과 디아코니아 (창세기 45:1-11)

¹ 요셉이 시종하는 자들 앞에서 그 정을 억제하지 못하여 소리 질러 모든 사람을 자기에게서 물러가라 하고 그 형제들에게 자기를 알리니 그 때에 그와 함께 한 다른 사람이 없었더라 ² 요셉이 큰 소리로 우니 애굽 사람에게 들리며 바로의 궁중에 들리더라 ³ 요셉이 그 형들에게 이르되 나는 요셉이라 내 아버지께서 아직 살아 계시니이까 형들이 그 앞에서 놀라서 대답하지 못하더라 ⁴ 요셉이 형들에게 이르되 내게로 가까이 오소서 그들이 가까이 가니 이르되 나는 당신들의 아우 요셉이니 당신들이 애굽에 판 자라 ⁵ 당신들이 나를 이 곳에 팔았다고 해서 근심하지 마소서 한탄하지 마소서 하나님이 생명을 구원하시려고 나를 당신들보다 먼저 보내셨나이다 ⁶ 이 땅에 이 년 동안 흉년이 들었으나 아직 오 년은 밭갈이도 못하고 추수도 못할지라 ⁷ 하나님이 큰 구원으로 당신들의 생명을 보존하고 당신들의 후손을 세상에 두시려고 나를 당신들보다 먼저 보내셨나니 ⁸ 그런즉 나를 이리로 보낸 이는 당신들이 아니요 하나님이시라 하나님이 나를 바로에게 아버지로 삼으시고 그 온 집의 주로 삼으시며 애굽 온 땅의 통치자로 삼으셨나이다 ⁹ 당신들은 속히 아버지께 올라가서 아뢰기를 아버지의 아들 요셉의 말에 하나님이 나를 애굽 전국의 주로 세우셨으니 지체 말고 내게로 내려오사 ¹⁰ 아버지의 아들들과 아버지의 손자들과 아버지의 양과 소와 모든 소유가 고센 땅에 머물며 나와 가깝게 하소서 ¹¹ 흉년이 아직 다섯 해가 있으니 내가 거기서 아버지를 봉양하리이다 아버지와 아버지의 가족과 아버지께 속한 모든 사람에게 부족함이 없도록 하겠나이다 하더라고 전하소서

우리나라의 시초라고 할 수 있는 고조선의 역사에는 홍익인간이라는 건국이념이 있습니다. 환웅이 나라를 세우면서 인간의 360가지의 일을 주관하며 '홍익인간(弘益人間)'의 이념을 바탕으로 고조선은 태동하였습니다. '인간을 널리 이롭게 한다.'는 뜻에는 이미 복지의 이념이 담겨있습니다. 홍익인간의 윤리 정신은 다른 사람을 이롭게 하지 않고는 견디지 못하는 '순수한 인간애', 다시 말하면 본래 인간 본성에서 생기는 자발적 행동이었다고 할 수 있습니다.

이러한 홍익인간의 이념은 기독교가 추구하는 정신과 유사한 점이 많습니다. 다른 사람을 널리 이롭게 하기 위해서 자기의 불편이나 힘듦을 감수하며 남을 유익하게 해야 합니다. 차별 없이 만민에게 균등한 자비심을 갖고 남녀와 민족이 하나로 뭉쳐서 서로 돕고 도움을 받으며 '살기 좋은 아름다운 사회와 국가를 만들고자 하는 의도'가 담겨 있습니다. 이처럼 우리는 무의식 속에 인간에 대한 긍휼의 마음을 가지고 있었고, 인간의 권리를 소중하게 생각하는 보편적 질서를 배제하지 않은 민족이었습니다. 그러나 홍익인간의 정신이 성서에 나오는 예수 그리스도의 섬김의 모습인 디아코니아의 정신과 유사한 점이 많다고 하여 우리 민족이 기독교 정신에서 태동한 것은 아닙니다. 홍익인간의 이념은 디아코니아의 정신과는 분명한 차이가 있습니다. 그렇지만 타인에 대한 긍휼과 선행 등의 비슷한 점이 많아서 우리나라에 기독교가 잘 정착하고 이에 따라 이타중심적인 선교가

활발하게 일어날 수 있지 않았나 생각해 봅니다.

창세기 45장에 보면 형제들에게 자신을 밝히는 요셉의 장면이 기록되어 있습니다. 그런데 요셉이 형제들을 용서하면서 무엇이라 합니까? 내가 당신들에게 베푸는 용서와 섬김은 인간적인 배려나 섬김이 아니고 "하나님이 큰 구원으로 당신들의 생명을 보존하고 당신들의 후손을 세상에 두시려고 나를 당신들보다 먼저 보내셨다."(창45:7)고 말합니다. 요셉이 형들을 용서한 이유는 하나님의 예정 가운데 이루어진 구원의 행위였습니다. 신앙인의 긍휼과 섬김, 즉 약자를 돕는 이유는 구제 차원의 복지에 한정되는 것이 아니라 구원을 위한 섬김이 되어야 하는 것입니다. 결국 세상을 향한 우리의 섬김과 도움은 영혼 구원을 목적으로 하는 디아코니아입니다. 홍익인간의 정신이 디아코니아 정신과 분명 다르듯, 사회복지와 디아코니아가 겉으로 보기에는 비슷해 보여도 분명한 차이를 가지고 있습니다. 예수님은 잃어버린 이들을 찾아오셨고 그들을 섬기셨습니다. 그리고 그들에게 구원을 선포하셨고 영원한 생명을 선물해 주셨습니다. (눅19:10) 인간적인 용서와 배려로 머무는 것이 아니라 우리의 섬김의 최종 목적은 영혼 구원을 이루기 위함입니다.

♠ 관찰

요셉이 형제를 용서한 이유는 무엇입니까?

♠ 적용과 질문

홍익인간의 정신과 디아코니아이 정신은 다릅니다. 우리의 최종 목적은 영혼 구원입니다. 이를 위해 내가 할 수 있는 사역은 무엇이 있습니까?

♠ 실천

오늘 내가 실천할 수 있는 디아코니아 활동은 무엇입니까?

26 | 경주 최부잣집과 요셉의 디아코니아
(창세기 47:13-22)

¹³ 기근이 더욱 심하여 사방에 먹을 것이 없고 애굽 땅과 가나안 땅이 기근으로 황폐하니 ¹⁴ 요셉이 곡식을 팔아 애굽 땅과 가나안 땅에 있는 돈을 모두 거두어들이고 그 돈을 바로의 궁으로 가져가니 ¹⁵ 애굽 땅과 가나안 땅에 돈이 떨어진지라 애굽 백성이 다 요셉에게 와서 이르되 돈이 떨어졌사오니 우리에게 먹을 거리를 주소서 어찌 주 앞에서 죽으리이까 ¹⁶ 요셉이 이르되 너희의 가축을 내라 돈이 떨어졌은즉 내가 너희의 가축과 바꾸어 주리라 ¹⁷ 그들이 그들의 가축을 요셉에게 끌어오는지라 요셉이 그 말과 양 떼와 소 떼와 나귀를 받고 그들에게 먹을 것을 주되 곧 그 모든 가축과 바꾸어서 그 해 동안에 먹을 것을 그들에게 주니라 ¹⁸ 그 해가 다 가고 새 해가 되매 무리가 요셉에게 와서 그에게 말하되 우리가 주께 숨기지 아니하나이다 우리의 돈이 다하였고 우리의 가축 떼가 주께로 돌아갔사오니 주께 낼 것이 아무것도 남지 아니하고 우리의 몸과 토지뿐이라 ¹⁹ 우리가 어찌 우리의 토지와 함께 주의 목전에 죽으리이까 우리 몸과 우리 토지를 먹을 것을 주고 사소서 우리가 토지와 함께 바로의 종이 되리니 우리에게 종자를 주시면 우리가 살고 죽지 아니하며 토지도 황폐하게 되지 아니하리이다 ²⁰ 그러므로 요셉이 애굽의 모든 토지를 다 사서 바로에게 바치니 애굽의 모든 사람들이 기근에 시달려 각기 토지를 팔았음이라 땅이 바로의 소유가 되니라 ²¹ 요셉이 애굽 땅 이 끝에서 저 끝까지의 백성을 성읍들에 옮겼으나 ²² 제사장들의 토지는 사지 아니하였으니 제사장들은 바로에게서 녹을 받음이라 바로가 주는 녹을 먹으므로 그들이 토지를 팔지 않음이었더라

'과거를 보되 진사 이상은 하지 말라', '재산은 만석 이상은 모으지 말라', '과객(過客)을 후하게 대접하라', '사방 백리 안에 굶어 죽는 사람이 없게 하라' 이는 경주 최부잣집에 내려오는 300년 전통의 가훈입니다. '부자가 3대를 넘기기 힘들다'란 말이 있습니다. 최근 들어 우르르 무너지는 재벌들을 보면서 이 말을 다시 생각해 보게 됩니다. 최부잣집은 9대 동안 진사를 지내고 12대 동안 연이어 만석을 이룬 집으로 조선팔도에 그 이름이 널리 알려진 가문입니다. '만석 이상을 모으지 말라'는 가훈 그대로 나머지 재산은 사회에 환원하였습니다. 서민들과 상생하고 그들을 배려했던 부자의 넉넉함이 가득했고 도덕성을 겸비한 존경받는 부잣집이었습니다. 과객을 후하게 대접하였는데 많이 머무를 때는 하루에 그 수가 100명이 넘었다고 합니다. 밤을 지내고 떠나는 나그네는 빈손으로 보내지 않았습니다. 이는 선행을 베푸는 것이기도 하지만 여러 사람의 과객들을 통해 세상과 소통하고 다른 지역의 민심을 파악할 수 있는 길이 되었습니다.

 최부잣집의 가훈을 생각하다 보면 로마가 생각납니다. 시오노 나나미의 '로마인 이야기'를 보면, 로마가 천년을 지탱하도록 받쳐준 철학이 바로 '노블레스 오블리주'였다는 것입니다. 이를 번역하면 '혜택받은 자들의 책임' 또는 '특권계층의 솔선수범'입니다. 로마의 귀족들은 전쟁이 일어나면 자기들이 솔선수범하여 최전선에 나가 피를 흘리는가 하면

금쪽같은 자기 재산을 사회에 환원하여 사회에 대한 책임을 다했습니다. 이것이 로마를 이끌어가는 리더십이 되었습니다. 조선시대 최고의 부자 가문이었던 최부잣집은 우리나라 '노블레스 오블리주'의 전형이라 할 수 있습니다.

    요셉은 총리가 되어 7년간의 대기근을 준비합니다. 애굽을 비롯하여 지중해 연안 중동지역 대부분에까지 이르렀던 기근으로 인해 주변 나라 많은 사람이 애굽을 찾아옵니다. 요셉의 형제들도 애굽에 와서 양식을 구합니다. 백 리 안에 굶어 죽는 사람이 없게 했던 최부잣집의 모습 이상으로 요셉은 어려움에 처한 주변 나라 사람들을 도와주고 그들의 생명을 지켜주었습니다. 그뿐만 아니라 토지법과 조세법을 새롭게 정비하여 모든 사람이 안정된 삶을 살아갈 수 있도록 하였습니다. 요셉은 자신의 이익을 위해 사는 사람이 아니라 모든 이들이 함께 살아갈 수 있도록 자신의 자리에서 최선을 다하고 진심을 다했던 사람입니다. 이는 디아코니아 마음을 가지고 사는 사람의 마음이라 할 수 있습니다. 우리도 주변 사람이나 나라가 어려움을 겪고 있으면 섬기는 자리에 있어야 합니다. 하나님께서 받은 복을 세상을 향해 값지게 사용하며 사회적 책임을 다하며 살아야 합니다.

♠ 관찰

경주 최부자와 요셉의 공통점은 무엇입니까?

♠ 적용과 질문

내가 받은 하나님의 은혜와 복을 통해 오늘 하나님께서 나에게 사회적 책임을 다하라고 맡기신 사역은 무엇이 있습니까?

♠ 실천

오늘 내가 실천할 수 있는 디아코니아 활동은 무엇입니까?

27 | 요셉이 보인 구황 제도의 디아코니아
(창세기 47:20-26)

²⁰ 그러므로 요셉이 애굽의 모든 토지를 다 사서 바로에게 바치니 애굽의 모든 사람들이 기근에 시달려 각기 토지를 팔았음이라 땅이 바로의 소유가 되니라

²¹ 요셉이 애굽 땅 이 끝에서 저 끝까지의 백성을 성읍들에 옮겼으나

²² 제사장들의 토지는 사지 아니하였으니 제사장들은 바로에게서 녹을 받음이라 바로가 주는 녹을 먹으므로 그들이 토지를 팔지 않음이었더라

²³ 요셉이 백성에게 이르되 오늘 내가 바로를 위하여 너희 몸과 너희 토지를 샀노라 여기 종자가 있으니 너희는 그 땅에 뿌리라

²⁴ 추수의 오분의 일을 바로에게 상납하고 오분의 사는 너희가 가져서 토지의 종자로도 삼고 너희의 양식으로도 삼고 너희 가족과 어린 아이의 양식으로도 삼으라

²⁵ 그들이 이르되 주께서 우리를 살리셨사오니 우리가 주께 은혜를 입고 바로의 종이 되겠나이다

²⁶ 요셉이 애굽 토지법을 세우매 그 오분의 일이 바로에게 상납되나 제사장의 토지는 바로의 소유가 되지 아니하여 오늘날까지 이르니라

과거 우리나라는 농업이 중심이 되는 사회였습니다. 제한된 토지에서 많은 인구가 살아왔던 우리나라는 가을에 추수한 곡식으로 긴 겨울을 나면 이른바 '보릿고개'라는 춘궁기에는 양식이 떨어진 가구들이 많았습니다. 이에 국가는 춘궁기에 곡식을 대부하는 사업을 제도화시키고 이를 각종 창제로 발전시켰습니다. 춘궁기에 대비한 창제도가 있다면, 수해와 한해, 냉해와 같은 자연재해를 대비한 구황제도가 있었습니다. 홍수, 가뭄, 기근, 우박, 지진 등의 자연재해와 전란과 같은 인위적인 위험 상황에 부닥치면 국가가 비축하고 있는 관곡을 재해를 당한 백성에게 무료로 배급하였습니다. 또한 토지에 대한 세금, 군역, 부역, 형벌 등을 광범위하게 면제하거나 감면하였습니다.

흉년이 되면 기민 구제를 담당할 구황청을 설치하여 재해를 입은 백성들을 구제하였으나 구황기관의 노력에도 불구하고 수많은 백성이 먹을거리를 찾아서 유랑 걸식을 하게 되었습니다. 이 때문에 국가와 민간이 합동으로 사원 또는 적당한 곳에 취사장과 식탁을 설치하여 기민 또는 행걸인에게 식사를 제공하였습니다. 이처럼, 홍수와 가뭄과 같은 어려움을 당한 백성에게 국가가 무료로 곡식을 주고, 빌려준 곡식과 그 이자를 면제해 주며, 세금을 경감하여 백성을 살리려는 노력은 계속되었습니다. 그러나 되풀이되는 자연재해는 공공 재원을 마련해야 하는 국가에 부담이 되었고, 구황제도는 한계를 가지고 있었기에 여러 가지 정책이 집행되는 와중에도 굶어 죽는 사람은 끊이지 않았습니다.

성서에는 우리나라의 구황제도와 같은 구제와 구휼에 관한 이야기가 기록되어 있습니다. 불쌍한 이들을 측은히 여기며 가난한 이들을 바라보면 가슴 아파 견디지 못하는 하나님(출34:6)께서는 요셉과 모세와 같은 지도자들을 통해 이 땅에서 가난과 기근으로 고통받는 이들을 구원하시길 원하셨습니다. 총리가 된 요셉은 애굽 땅에 기근이 들것을 미리 알고 이에 대비합니다. 미리 준비된 곡식으로 기근에 허덕이는 백성들과 이웃 나라에 도움을 주는 지혜를 보여줍니다. 단순히 풍년에 양식을 모아두었다가 흉년에 나눠주는 정책을 넘어서 많은 사람이 노예처럼 시달리고 가난에 굶주리는 것을 해결할 방법도 함께 준비하였습니다. 기근으로 인해 어려움에 처한 시기를 지혜롭게 이겨낸 요셉은 애굽이란 타 문화에서 인정받는 지도자가 됩니다. 이처럼 어려움을 겪는 이들을 돌아보고 그들의 필요를 채워주기 위해 준비된 자세가 바로 디아코니아의 자세입니다. 긍휼히 여기는 마음으로 주변을 살피고 그들을 위한 실제적인 나눔과 섬김을 베푸는 삶을 살아가야 합니다.

♠ 관찰

힘들고 어려운 사람들을 도와준 요셉의 방법은 무엇이었습니까?

♠ 적용과 질문

어려움을 겪는 이들의 필요를 채워주기 위하여 내가 할 수 있는 방법은 무엇이 있습니까?

♠ 실천

오늘 내가 실천할 수 있는 디아코니아 활동은 무엇입니까?

28 | 무연고사를 위한 디아코니아 (창세기 49:29-33)

²⁹ 그가 그들에게 명하여 이르되 내가 내 조상들에게로 돌아가리니 나를 헷 사람 에브론의 밭에 있는 굴에 우리 선조와 함께 장사하라
³⁰ 이 굴은 가나안 땅 마므레 앞 막벨라 밭에 있는 것이라 아브라함이 헷 사람 에브론에게서 밭과 함께 사서 그의 매장지를 삼았으므로
³¹ 아브라함과 그의 아내 사라가 거기 장사되었고 이삭과 그의 아내 리브가도 거기 장사되었으며 나도 레아를 그 곳에 장사하였노라
³² 이 밭과 거기 있는 굴은 헷 사람에게서 산 것이니라
³³ 야곱이 아들에게 명하기를 마치고 그 발을 침상에 모으고 숨을 거두니 그의 백성에게로 돌아갔더라

성서에서는 장례를 통하여 그가 축복받은 삶이었는지를 알 수 있습니다. 그가 어디에 묻혔는지에 따라 그 사람이 살아온 삶을 짐작해 볼 수 있습니다. 야곱의 아내 라헬은 예루살렘 가기 직전 베냐민 지파 지역의 에브랏 근처에 매장되었습니다. (창35:19) 반면 언니 레아는 비록 생전에 남편의 사랑을 제대로 받지 못했으나 조상들의 묘지에 함께 장사 되었습니다. (창49:30-31) 죽음을 앞둔 늙은 야곱도 자식들에게 유언합니다. 레아가 묻혀 있는 묘지에 함께 묻어 달라고 합니다. 그녀들의 마지막 자리였던 묘지를 보고서 라헬이 애정과 미모와 현세적인 축복을 받았다면 레아는 좋은 품성과 영적인 축복을 받은 사람이라고 말할 수 있습니다. 이처럼 인간에게 있어서 장례식은 중요합니다. 창세기의 마지막 장, 마지막 절도 요셉이 죽기 직전 자신의 장례에 대하여 부탁하는 것으로 마무리하고 있습니다.

왜 이렇게 장례가 중요한가요? 히브리 성서에서 '열조들에게 돌아가다', '조상들과 함께 눕다'는 표현은 그들의 죽음을 통해서 선조들과 하나로 모이는 것을 의미합니다. 그리고 그 모이는 장소는 하나님이 선조들에게 약속한 땅에 위치한 무덤입니다. 그러므로 이러한 독특한 문학적 표현은 단지 한 사람의 죽음을 묘사하는 것이 아니라 과거의 조상들이 살던 땅에 현재 계속해서 살아가고 묻히는 후손들을 포함하는 하나의 공동체를 형성하는 정체성의 수단입니다. 이런 점에서 과거나 현재나 장례와 무덤은 매우 중요한 의미를 지닙니다.

그런데 요즘 우리나라는 고독사가 사회적인 문제로 두드러지고 있습니다. 고독사와 관련된 문제가 얼마나 많은지 「고독사 예방 및 관리에 관한 법률」을 2020년에 제정, 시행하고 있을 정도입니다. 지방자치단체는 고독사 예방 및 지원 조례를 제정하여 소외·단절된 가구의 사회적 고립 및 고독사 예방을 위해 다양한 지원 사업을 운영하고 있습니다. '고독사'란 가족, 친척 등 주변 사람들과 단절된 채 홀로 사는 사람이 자살·병사 등으로 혼자 임종을 맞고, 시신이 일정한 시간이 흐른 뒤에 발견되는 죽음을 말합니다. 이것과 비슷한 것이 '무연 고사'입니다. 시신을 인도할 사람이 없는 죽음을 말합니다. 일본에서는 자기가 죽고 나면 자기 시신, 자기 물건, 자기 장례를 위하여 돈을 미리 주고 맡기는 직종이 만들어지기도 하였습니다.

기독교인들은 오래전부터 장례의 중요성을 알고 있습니다. 상을 당한 이들을 찾아가 위로하라는 성서의 말씀대로 장례에 임하는 섬김의 사역이 잘 훈련되어 있습니다. 이를 바탕으로 지역교회가 고독사 위험에 노출된 이들을 돌아보는 일과 무연고사를 위한 장례를 정성껏 돕는 일에 힘을 쏟아야 할 것입니다. 이러한 섬김은 외로움 가운데 살아가는 이들에게 마음의 평안을 줄 수 있는 디아코니아의 중요한 사역이 될 것입니다.

♠ 관찰

우리 사회 속에서 무연고사가 일어나는 이유는 무엇입니까?

♠ 적용과 질문

외롭고 고독한 이웃을 위해 내가 할 수 있는 사역은 무엇이 있습니까?

♠ 실천

오늘 내가 실천할 수 있는 디아코니아 활동은 무엇입니까?

29 | 위로의 디아코니아 (창세기 50:15-21)

¹⁵ 요셉의 형제들이 그들의 아버지가 죽었음을 보고 말하되 요셉이 혹시 우리를 미워하여 우리가 그에게 행한 모든 악을 다 갚지나 아니할까 하고
¹⁶ 요셉에게 말을 전하여 이르되 당신의 아버지가 돌아가시기 전에 명령하여 이르시기를
¹⁷ 너희는 이같이 요셉에게 이르라 네 형들이 네게 악을 행하였을지라도 이제 바라건대 그들의 허물과 죄를 용서하라 하셨나니 당신 아버지의 하나님의 종들인 우리 죄를 이제 용서하소서 하매 요셉이 그들이 그에게 하는 말을 들을 때에 울었더라
¹⁸ 그의 형들이 또 친히 와서 요셉의 앞에 엎드려 이르되 우리는 당신의 종들이니이다
¹⁹ 요셉이 그들에게 이르되 두려워하지 마소서 내가 하나님을 대신하리이까
²⁰ 당신들은 나를 해하려 하였으나 하나님은 그것을 선으로 바꾸사 오늘과 같이 많은 백성의 생명을 구원하게 하시려 하셨나니
²¹ 당신들은 두려워하지 마소서 내가 당신들과 당신들의 자녀를 기르리이다 하고 그들을 간곡한 말로 위로하였더라

일본의 시바다 도요라는 99세 된 할머니가 시집을 출간했습니다. 이 시집의 제목은 "약해지지 마"인데 출판된 지 6개월 만에 70만 부가 판매되었습니다. 이 책에는 "난 괴로운 일도 있었지만 살아있어서 좋았어. 너도 약해지지 마. 바람이 유리문을 두드리길래 안으로 들어오라 했지. 햇살까지 들어와 셋이서 수다를 떠네. 할머니 혼자서 외롭지 않아? 외롭다고 느껴질 때 그걸 꺼내 힘을 내는 거야. 당신도 지금부터 저금해 봐 연금보다 나을 테니까." 등의 위로와 격려의 메시지가 가득합니다. 부유한 집의 외동딸로 태어났는데 10세 때 부도가 나고 어린 나이에 음식점에서 일하다가 20세 때 결혼을 하지만 곧 이혼하고 33세에 재혼을 합니다. 여전히 가난한 생활을 하다가 남편이 죽자, 그 후 혼자서 살아왔습니다.

처음에는 지난 과거를 생각하며 '빨리 죽어야 해'라는 말을 입에 달고 살았는데 우연한 기회에 시를 쓰기 시작합니다. 형식도 없이 자신에게 말하듯 그대로를 써나갔습니다. 시의 초점은 모두 위로에 맞추었습니다. 글을 쓰기 시작한 후 그녀는 '빨리 죽어야 해'라는 말을 하지 않게 되었다고 합니다. 오늘 현대인들의 공허한 마음을 읽을 수 있습니다. 그녀가 살고 있는 일본은 일류 국가입니다. 그런데 무명 할머니의 시로 인해서 일본 사람들이 감동하였습니다. 일류 속에 사는 그들 역시 위로가 필요하다는 증거입니다. 외형으로는 그럴듯하게 살고 있지만, 속으로는 모두 위로받고 싶고 보듬어 주기를 기다리고 있습니다. 위로도 섬김의 삶입니다. 내 위로가 누군가에게는 희망이 될 수 있습니다. 모든 사람은 섬김을 받고 싶어 합니다. 그리고 성숙한 사람은 누군가를 섬기려 합니다. 이 같은 섬김과 위로의 삶은 공동체를 건강하게 세우는 삶의 원리입니다.

형들에 의해 애굽에 팔려 간 요셉은 자기를 죽이고자 한 사람들을 용서하고 모든 것을 선으로 바꿉니다. (창50:18-21) 자기가 이렇게 팔려 오게 된 것이 누구의 잘못도 아니고 오히려 하나님의 구원 계획이었음을 말합니다. 하나님께서 선으로 바꾸셨다고 오히려 위로합니다. 요셉은 죄를 짓고 두려움에 떠는 형들을 간곡한 말로 위로하였습니다. '간곡한'이란 말은 히브리어로 '레브'인데 심장, 마음을 의미합니다. 요셉은 진실한 마음으로 그들을 위로했으며 그들의 마음이 편해지도록 진심으로 용서하였습니다. 이러한 모습에서 예수님의 그림자가 보입니다. 예수님은 십자가에 달리심을 오히려 무엇이라 합니까? "인자가 온 것은 섬김을 받으려 함이 아니라 도리어 섬기려 하고, 자기 목숨을 많은 사람의 대속물로 주려 함이니라" (막10:45). 예수님은 죄로 인해 두려움에 떠는 우리들을 위로하시고 자신을 대속물로 주어 온전한 섬김을 이루기 위해 오셨다고 말씀하셨습니다. 우리가 누군가를 위로하는 것 이것이 디아코니아 정신입니다. 요셉과 예수님처럼 진심이 담긴 위로를 통해 세상을 섬기며 살아가길 바랍니다.

♠ 관찰

요셉은 자신이 당한 고통을 형들에게 돌리지 않고 그 고통을 무엇이라고 해석했습니까?

♠ 적용과 질문

내 주변에 위로가 필요한 이웃이 있다면 그들은 어떤 이들입니까?

♠ 실천

오늘 내가 실천할 수 있는 디아코니아 활동은 무엇입니까?

30 | 달랏을 변화시킨 한 사람의 디아코니아
(창세기 50:19-26)

¹⁹ 요셉이 그들에게 이르되 두려워하지 마소서 내가 하나님을 대신하리이까

²⁰ 당신들은 나를 해하려 하였으나 하나님은 그것을 선으로 바꾸사 오늘과 같이 많은 백성의 생명을 구원하게 하시려 하셨나니

²¹ 당신들은 두려워하지 마소서 내가 당신들과 당신들의 자녀를 기르리이다 하고 그들을 간곡한 말로 위로하였더라

²² 요셉이 그의 아버지의 가족과 함께 애굽에 거주하여 백십 세를 살며

²³ 에브라임의 자손 삼대를 보았으며 므낫세의 아들 마길의 아들들도 요셉의 슬하에서 양육되었더라

²⁴ 요셉이 그의 형제들에게 이르되 나는 죽을 것이나 하나님이 당신들을 돌보시고 당신들을 이 땅에서 인도하여 내사 아브라함과 이삭과 야곱에게 맹세하신 땅에 이르게 하시리라 하고

²⁵ 요셉이 또 이스라엘 자손에게 맹세시켜 이르기를 하나님이 반드시 당신들을 돌보시리니 당신들은 여기서 내 해골을 메고 올라가겠다 하라 하였더라

²⁶ 요셉이 백십 세에 죽으매 그들이 그의 몸에 향 재료를 넣고 애굽에서 입관하였더라

베트남 달랏을 방문한 적이 있습니다. 그곳은 해발 1500미터의 고원 도시라 1년 평균 기온이 15~25도로 선선한 지역입니다. 날씨가 좋아서인지 베트남에서는 유명한 관광지라고 합니다. 그런데 그 도시에 들어서며 놀라운 광경을 보게 되었습니다. 도시 입구부터 끝없이 펼쳐진 엄청난 수의 비닐하우스와 'Kim'으로 시작하는 수많은 간판이었습니다. 따뜻한 나라 베트남에서 그렇게 많은 비닐하우스를 보게 될 것이라고는 상상하지 못했습니다. 그리고 인구 45만 명의 이 도시에 '파파 김(金)'이라고 하면 모르는 사람이 없다고 합니다. 이분은 김진국 교수입니다.

1992년 12월 22일, 한국과 베트남이 수교를 맺습니다. 가장 큰 관심은 과거사였습니다. 수교하기 전 과거사를 정리해야 했지만, 정치인 누구도 책임 있는 이야기를 하지 않았습니다. 그 상황에서 김진국 교수는 베트남으로 건너갑니다. 베트남으로 가게 된 계기는 1992년 일본에서 열린 난(蘭) 연구세미나에서 베트남 대학의 한 교수로부터 자기 나라에 난이 자라기 좋은 지역을 소개받게 되고 난을 연구하기 위한 목적을 가지고 베트남으로 향했습니다. 소개받은 지역이 바로 달랏입니다. 이곳은 동양란과 서양란이 함께 대규모로 자생하기 좋은 곳이었습니다. 처음에는 연구가 주된 목적이었지만 그곳의 가난한 농민들을 보면서 우리나라가 빚진 것(베트남전)을 조금이라도 갚을 기회가 생겼으면 하는 마음이 들었습니다. 그는 이 지역에 맞는 농업을 연구했습니다. 베트남 사람들의 냉대 속에 힘든 시간도 있었지만, 그의 진심을 보고 마음을 열어 준 라이따이한 10여 명과 함께 농사를 시작하였습니다.

1996년 장미, 국화, 안개꽃을 수확합니다. 꽃의 크기나 품질이 좋아서 일반 꽃보다 10배 더 비싼 가격으로 판매하게 되었습니다. 이후 주민들에게 비닐하우스를 보급하여 소득을 2배로 올리게 했습니다. 2004년도에는 달랏대학교에 한국어학과가 개설되었습니다. 한 사람의 섬김과 헌신을 통해 한 지역이 살아난 것입니다. 성서 속 요셉이 생각이 납니다. 그는 살아온 고향을 떠나 낯선 땅에 가서 살게 되었습니다. 원치 않는 이주였지만 그가 머문 곳은 변화가 일어납니다. 그 땅에서 묵묵히 희생하며 성실한 삶을 살아낸 요셉으로 인해 기근에 처한 애굽과 인근 나라가 살아나고 깨어진 가정이 회복됩니다. '내가 이 땅에 온 것은 누구의 잘못도 아닙니다. 하나님이 나를 통해 백성의 생명을 구원하고자 하신 일입니다. 내가 당신들의 자녀를 기르리다.'라고 말한 요셉의 고백 안에 디아코니아의 정신이 담겨있습니다. 여러분이 있는 곳에 섬김이 살아나기를 바랍니다. 여러분을 통해 지역이 살아나기를 바랍니다.

♠ **관찰**

달랏이 한 사람으로 인해 변화가 일어난 것처럼 요셉도 가는 곳을 변화시켰습니다. 요셉이 변화를 시킬 수 있었던 것은 무슨 이유입니까?

♠ **적용과 질문**

요셉처럼 주변을 변화시키고 회복되기를 원한다면 나에게 지금 무엇이 필요한가요?

♠ **실천**

오늘 내가 실천할 수 있는 디아코니아 활동은 무엇입니까?

디아코니아 묵상 시리즈 1

창세기의 섬김이 익다

2024년 9월 10일 초판 발행

지 은 이 | 김한호

펴 낸 이 | 김수홍
편　　집 | 정 훈
디 자 인 | 사라박
펴 낸 곳 | 도서출판 하영인
등　　록 | 제504-2023-000008호
주　　소 | 포항시 북구 대신로 33 601호
전　　화 | 054) 270-1018
블 로 그 | https://blog.naver.com/navhayoungin
이 메 일 | hayoungin814@gmail.com
인스타그램 | https://www.instagram.com/hayoungin7

ISBN 979-11-92254-19-7 (03230)

값 12,000원

※ 도서출판 하영인은 (주)투웰브마운틴즈의 출판 브랜드입니다.
※ 낙장·파본은 교환해 드립니다.